电子商务专业校企双元育人教材系列

全国现代学徒制工作专家指导委员会指导

跨境电商 运营实战技能

ELECTRONIC COMMERCE

主　编	王紫仪	山东云媒互动网络科技有限公司
	陈　瑜	山东公路技师学院
	张　黎	山东政法学院
副主编	刘武军	广东建设职业技术学院
	高金岭	山东建筑大学
	王　荟	山东省潍坊商业学校
编　委	王紫仪	山东云媒互动网络科技有限公司
	陈　瑜	山东公路技师学院
	张　黎	山东政法学院
	刘武军	广东建设职业技术学院
	高金岭	山东建筑大学
	田　野	山东建筑大学
	王　荟	山东省潍坊商业学校
	张　健	山东云媒互动网络科技有限公司
	赵　雨	山东商职业技术学院
	宗　良	山东云媒互动网络科技有限公司
	叶小濛	山东省济南商贸学校
	张福利	山东省淄博市工业学校
	李若楠	枣庄职业学院
	李厚忠	山东女子学院
	毛玉明	山东交通学院
	盛雅欣	山东圣翰财贸职业学院
	王　朋	济南顶商信息科技有限公司
	张　健	山东英普云媒教育科技有限公司
	陆　勇	红地球化妆品集团
	郭　曼	平阴县职业中等专业学校
	陈美晶	平阴县职业中等专业学校

复旦大学出版社

内容提要

本书选取企业真实案例和典型工作任务，对标跨境电商运营职业能力，理论与实践相结合，是双元育人的职业教育改革成果。全书包含跨境电商的认识、跨境电商平台的选择、店铺装修、选品、产品发布与优化、营销推广、物流管理、客户管理、Shopee无货源店群运营等知识。结合速卖通、Shopee平台操作展开，针对理论知识储备较多的部分制作了二维码，可以查看知识点的详细解读。

本书内容由浅入深，符合从业者职业技能习得规律，可作为职业院校和普通院校电子商务类、经济贸易类相关专业的教材，也可以作为有意从事跨境电商运营工作人员的指导用书，还可作为电子商务及外贸行业从事跨境电商相关工作人员的参考用书。

本套系列教材配有相关的课件、视频等，欢迎教师完整填写学校信息来函免费获取：xdxtzfudan@163.com。

序言 FOREWORD

党的十九大要求完善职业教育和培训体系,深化产教融合、校企合作。自 2019 年 1 月以来,党中央、国务院先后出台了《国家职业教育改革实施方案》(简称"职教 20 条")、《中国教育现代化 2035》《关于加快推进教育现代化实施方案(2018—2022 年)》等引领职业教育发展的纲领性文件,为职业教育的发展指明道路和方向,标志着职业教育进入新的发展阶段。职业教育作为一种教育类型,与普通教育具有同等重要地位,基于产教深度融合、校企合作人才培养模式下的教师、教材、教法"三教"改革,是进一步推动职业教育发展,全面提升人才培养质量的基础。

随着智能制造技术的快速发展,大数据、云计算、物联网的应用越来越广泛,原来的知识体系需要变革。如何实现职业教育教材内容和形式的创新,以适应职业教育转型升级的需要,是一个值得研究的重要问题。国家职业教育教材"十三五"规划提出遵循"创新、协调、绿色、共享、开放"的发展理念,全面提升教材质量,实现教学资源的供给侧改革。"职教 20 条"提出校企双元开发国家规划教材,倡导使用新型活页式、工作手册式教材并配套开发信息化资源。

为了适应职业教育改革发展的需要,全国现代学徒制工作专家指导委员会积极推动现代学徒制模式下之教材改革。2019 年,复旦大学出版社率先出版了"全国现代学徒制医学美容专业'十三五'规划教材系列",并经过几个学期的教学实践,获得教师和学生们的一致好评。在积累了一定的经验后,结合国家对职业教育教材的最新要求,又不断创新完善,继续开发出不同专业(如工业机器人、电子商务等专业)的校企合作双元育人活页式教材,充分利用网络技术手段,将纸质教材与信息化教学资源紧密结合,并配套开发信息化资源、案例和教学项目,建立动态化、立体化的教材和教学资源体系,使专业教材能够跟随信息技术发展和产业升级情况,及时调整更新。

校企合作编写教材,坚持立德树人为根本任务,以校企双元育人,基于工作的学习为基本思路,培养德技双馨、知行合一,具有工匠精神的技术技能人才为目标。将课程思政的教育理念与岗位职业道德规范要求相结合,专业工作岗位(群)的岗位标准与国家职业标准相结合,发挥校企"双元"合作优势,将真实工作任务的关键技能点及工匠精神,以"工程经验""易错点"等形式在教材中再现。

校企合作开发的教材与传统教材相比,具有以下三个特征。

1. 对接标准。基于课程标准合作编写和开发符合生产实际和行业最新趋势的教材,而这些课程标准有机对接了岗位标准。岗位标准是基于专业岗位群的职业能力分析,从专业能力和职业素养两个维度,分析岗位能力应具备的知识、素质、技能、态度及方法,形成的职业能力点,从而构成专业的岗位标准。再将工作领域的岗位标准与教育标准融合,转化为教材编写使用的课程标准,教材内容结构突破了传统教材的篇章结构,突出了学生能力培养。

2. 任务驱动。教材以专业(群)主要岗位的工作过程为主线,以典型工作任务驱动知识和技能的学习,让学生在"做中学",在"会做"的同时,用心领悟"为什么做",应具备"哪些职业素养",教材结构和内容符合技术技能人才培养的基本要求,也体现了基于工作的学习。

3. 多元受众。不断改革创新,促进岗位成才。教材由企业有丰富实践经验的技术专家和职业院校具备双师素质、教学经验丰富的一线专业教师共同编写。教材内容体现理论知识与实际应用相结合,衔接各专业"1+X"证书内容,引入职业资格技能等级考核标准、岗位评价标准及综合职业能力评价标准,形成立体多元的教学评价标准。既能满足学历教育需求,也能满足职业培训需求。教材可供职业院校教师教学、行业企业员工培训、岗位技能认证培训等多元使用。

校企双元育人系列教材的开发对于当前职业教育"三教"改革具有重要意义。它不仅是校企双元育人人才培养模式改革成果的重要形式之一,更是对职业教育现实需求的重要回应。作为校企双元育人探索所形成的这些教材,其开发路径与方法能为相关专业提供借鉴,起到抛砖引玉的作用。

全国现代学徒制工作专家指导委员会主任委员
广东建设职业技术学院校长
博士,教授
2020 年 7 月

前言 PREFACE

  随着网络信息技术的不断发展与进步,我国逐渐步入了"互联网+"时代,"一带一路"为跨境电商提供政策高地。趋势造就未来,电子商务的迅猛发展,已逐渐改变了我们的生活方式。与传统贸易形式相比,跨境电商利用互联网信息传输速度快、范围广、容量大的特点,不仅降低了营销运营成本,还可以轻松拓展全球客户市场。而随着跨境电商的崛起,更将直接推动中国企业转变理念、创新业务模式、保持竞争优势、破解发展困局,并且在一定程度上带动了社会经济的发展,真正实现外贸转型升级。

  本教材以阿里巴巴速卖通平台操作为主,Shopee 平台操作为辅,帮助学生快速、系统、深入地了解跨境电商运营岗位的工作流程与标准化要求,以及店铺运营思路,掌握营销推广、数据分析、订单处理、售后服务、物流管理的能力,使学生能够根据目标市场的实际情况,制定运营推广策略,提升订单量,提高学生适岗能力。让学生在学校就知道自己将来做什么、怎么做,发展方向是什么,让学生尽可能地了解企业,明确企业具体需求,指导学生的角色转换。

  在编写过程中,结合真实案例和多年运营经验,满足学员岗位实践的需要;根据企业产品和性质,制定项目化教学内容,关注学员职业能力的发展和教学内容的调整。

  在本书的编写过程中,编委会人员反复研讨及修改。但由于学识和能力有限,错误与不足之处在所难免,恳请读者不吝赐教和斧正。

编者
2020 年 7 月

目 录 CONTENTS

单元一　跨境电商规则与平台选择 1-1
　　任务 1　认识跨境电商 1-1
　　任务 2　选择合适的跨境电商平台 1-5

单元二　店铺装修与设计 2-1
　　任务 1　店铺装修后台操作 2-1
　　任务 2　优化主图与产品详情页 2-8

单元三　跨境电商选品 3-1
　　任务 1　站内选品 3-1
　　任务 2　站外选品 3-12

单元四　产品发布与优化 4-1
　　任务 1　产品上传后台操作 4-1
　　任务 2　产品定价 4-11
　　任务 3　深度优化产品属性 4-15

单元五　营销推广 5-1
　　任务 1　单品折扣活动设置 5-1
　　任务 2　满减优惠活动设置 5-6
　　任务 3　店铺优惠券设置 5-11
　　任务 4　直通车运营推广 5-15

单元六　跨境电商物流管理 6-1
　　任务 1　设置物流模板 6-1
　　任务 2　导入导出运费模板 6-8

单元七　跨境电商客户管理 7-1
  任务 1　处理跨境电商询盘 7-1
  任务 2　处理中差评纠纷 7-8

单元八　Shopee 无货源店群模式 8-1
  任务 1　东南亚电商市场和无货源模式 8-1
  任务 2　Shopee 关键词广告 8-10

附录　课程标准 1

单元一　跨境电商规则与平台选择

跨境电商的消费者遍布全球，拥有强大的市场潜力。而在中国政府和企业的大力推动下，市场规模逐渐增加，已围绕整个跨境贸易形成了一条从营销到支付、物流和金融服务的清晰、完整的产业链。跨境电商正处于政策红利释放期，国家政府相当重视，将跨境电商视为我国经济发展转型升级，打造经济新增长点的重要抓手，还相应推出了各项支持政策，发展跨境电子商务势在必行。

本单元主要介绍跨境电商的基础知识和各跨境电商平台的特点，以及对速卖通平台市场定位、基本操作规则、账号注册。

任务1　认识跨境电商

学习目标

1. 初步掌握跨境电商行业系统性运营能力。
2. 能区分主流跨境电商平台的运营模式。

学生任务

通过对跨境电商定义、特点和发展意义的学习，了解什么是跨境电商；学习跨境电商平台的模式，能够区分主流跨境电商平台的模式；学习跨境电商的分工，了解跨境电商运作的各个环节。

任务分析

首先登录速卖通、阿里巴巴国际站首页，浏览不同发展模式下的跨境电商平台网页，分析其特点，思考与传统外贸相比有哪些不同，为什么要发展跨境电商；商品又是怎样通过跨境电商的平台卖到消费者手中的，从选品到平台运营再到物流运输每一个环节是如何运作的。这就需要通过对跨境电商行业分工的学习来解答。

任务准备

1. 浏览不同发展模式下的跨境电商平台网站。
2. B2B 平台：阿里巴巴国际站 https://www.alibaba.com/。
3. B2C、C2C 平台：速卖通平台 https://www.aliexpress.com/。

知识储备

对于跨境电商新手卖家而言，学习跨境电商首先要从定义、特点和发展意义开始，如图 1-1-1 所示。

狭义的跨境电商，是指跨境网络零售的商业活动，即分属不同关境（海关、国境）的交易主体借助互联网，通过各种电商平台完成交易，然后采用快件、邮政小包等方式，通过跨境物流运送交易商品、跨境支付结算，最终将商品送达消费者手中，从而实现商品的国际间流动。

广义的跨境电商，泛指对外贸易电子商务的活动，即分属不同关境的交易主体通过电子商务手段，将传统进出口贸易的展示、洽谈和成交环节电子化、数字化和网络化，并通过跨境物流运输商品，最终达成交易的出口贸易活动。

跨境电商具有全球性、无形性、匿名性、即时性、无纸化和快速演进的特点。跨境电商的发展也有利于企业转型、方便消费者、交易直接化、拉动国内需求，增加就业。

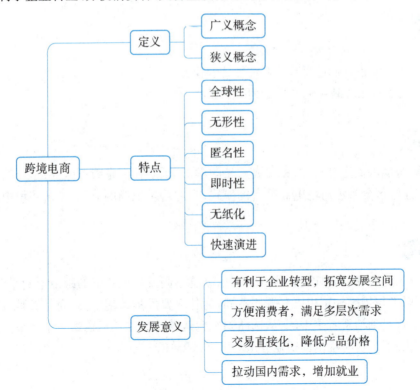

任务实施

1. 认识跨境电商的商业活动

跨境电子商务(cross-border electronic commerce)简称跨境电商,是一种以电子数据交换和网上交易为主要内容的商业模式,是指分属不同关境的交易主体,通过电子商务平台达成交易、支付结算,并通过跨境物流送达商品,完成交易的一种国际商业活动。广义的跨境电商分为出口和进口两种贸易类型。本书所讨论的跨境电商仅指出口的跨境电商。跨境电商的商业活动如图1-1-1所示,传统外贸流程如图1-1-2所示。

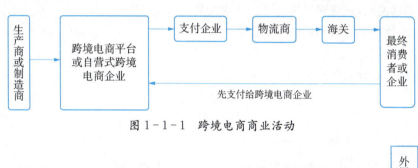

图1-1-1 跨境电商商业活动

本国生产 → 本国出口 → 外国进口 → 外国批发 → 外国零售 → 外国消费者

图1-1-2 传统外贸流程

2. 认识跨境电商的模式

按交易模式划分,跨境电商主要有企业对企业(business to business,B2B)、企业对消费者(business to customer,B2C)和消费者对消费者(customer to customer,C2C)3种贸易模式,如图1-1-3所示。

(1) B2B模式　B2B跨境电商又称为在线批发,是外贸企业间通过互联网进行产品、服务及信息交换的一种商业模式。在B2B模式下,企业运用电子商务,以广告和信息发布为主,成交和通关流程基本在线下完成,本质上仍属于传统贸易,纳入海关一般贸易统计。

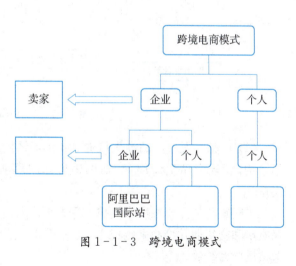

图1-1-3 跨境电商模式

在跨境电商市场中,企业平台始终处于主导地位。具有代表性的B2B平台有敦煌网、阿里巴巴国际站、环球资源网、中国制造网等。

(2) B2C　B2C跨境电商是跨境电商企业针对个人消费者开展的网上零售活动的一种商业模式。目前,在B2C模式下的交易在中国整体跨境电商交易市场规模中所占比例不断提高。在B2C模式下,国内企业可直接面对国外消费者,以销售个人消费品为主。物流主要采用航空小包、邮寄、快递等方式,其报关主体是邮政或快递公司。目前大多数跨境电商进出口货物已纳入海关统计。

B2C的跨境电商已获得了长足发展,具有代表性的平台有速卖通、兰亭集势、米兰网、大龙网等。

(3) C2C模式　C2C跨境电商指从事外贸活动的个人对国外个人消费者进行网络零售的一种商业模式。各大跨境电商平台上的小卖家都是C2C模式,主要通过第三方交易平台实现个人对个人的电子交易活动。个人卖家通过第三方跨境电商平台发布产品的服务信息,消费者筛选商品,最终通过跨境平台达成交易。

具有代表性的平台有eBay、速卖通等。

3. 跨境电商分工

跨境电商行业分工如图1-1-4所示。

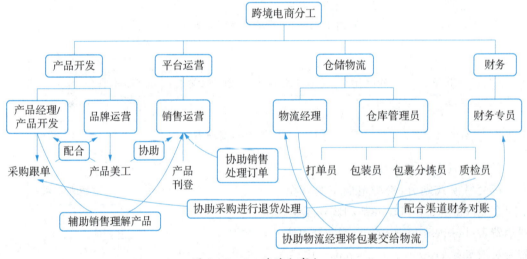

图1-1-4　跨境电商分工

(1) 产品开发　产品经理负责寻找市场畅销或有潜力的新品,完成新品开发,优化供应商结构,管理产品生命周期,辅助销售部门理解产品,为其提供产品信息、技术等方面的支持。

采购跟单员需要按照申购单和采购要求及时下达订单,并管控供应商的生产进度,以确保质量和交货期并控制采购成本,及时处理产品质量问题和索赔,建立样品原始封样,定期考核供应商绩效。

美工负责外贸销售平台的页面维护、制作、改版、广告宣传,配合品牌运营、采购、产品开发,设计精美图片。

品牌运营负责品牌推广,品牌营销计划,销售现状分析,产品信息维护、售后处理,主流电商平台的整体运营策略、推广策略,提高帖子及店铺点击率、浏览量和转化率。

(2) 平台运营　销售运营负责店铺销售平台的维护和管理,确保账号安全和业绩增长,

单元一　跨境电商规则与平台选择

确保店铺销售正常运作,与产品刊登部沟通拟定合理的产品上架计划,研究平台动向和销售技巧,追求每个产品效益最大化。

产品刊登部负责利用刊登产品上传工具制作产品发行模板,根据平台的市场变化,调整产品上传策略。

(3) 仓储物流　物流经理通过综合对比,寻找性价比较高、比较可靠的物流公司,统筹安排日常配送任务,确保及时供货、寄出订单,另外还负责渠道财务账单对账,和物流订单的监控与统计。

仓库工作人员负责打单、包装、包裹分拣、质检等工作。

(4) 财务　负责公司的整体财务核算工作,编制会计凭证,生成财务报表。编制和维护公司的总账和明细账,及时准确地记录公司业务往来。管理总账,如固定资产管理、库存物资管理等,每月定期盘点,保证账实相符。审核会计岗位提交的会计分录的准确性。督促会计及时分录 ERP 系统的资料,做到日清月结,办理报账、年检。协调处理与工商税务机关的事项,每月定期协助上级进行预算控制与分析工作,以及财务档案整理保管和相关事项的手续办理。

任务评价

根据所学知识回答下列问题。(共计 10 分)

1. 跨境电商与传统外贸相比有哪些不同?(分值 4 分)
2. 跨境电商各个部门是如何分工协作的?(分值 6 分)

能力拓展

结合本任务所学知识,总结跨境电商的发展现状以及未来的发展趋势;思考目前跨境电商存在哪些问题;针对这些问题提出相应的解决方案和发展建议,可以从产品、物流、法律及人才供应这几个方面来回答。

任务 2　选择合适的跨境电商平台

学习目标

1. 了解全球主流跨境电商平台的特点。
2. 能够自主选择合适的跨境电商平台。

学习任务

学习全球主流跨境电商平台的特点,学会分析不同用户类型的经营特色。触类旁通,能够选择适合自身情况的跨境电商平台。

任务分析

做跨境电商首先要选择平台。可以选择已有的成熟的第三方开放电商平台如亚马逊、速卖通等,也可以建立自己的跨境电商平台。与已有的跨境电商平台相比,自己建站又有哪些优势和不足呢?这就需要学习主流跨境电商平台的分类以及风格和定位,从而根据各平台的特点选择合适的跨境电商平台。

任务准备

浏览跨境电商平台,重点观察网站首页布局、产品搜索页面和产品图片风格:速卖通平台 https://www.aliexpress.com/、eBay 平台 https://www.ebay.com/、亚马逊平台 https://www.amazon.com/。

知识储备

在选择跨境电商平台时,首先需要了解全球有哪些跨境电商平台,各自又有哪些特点,客观分析各个平台的优缺点,并结合自身情况选择合适的跨境电商平台。

(1) 定义　跨境电商平台是分属于不同国界或地区的交易主体交换信息、达成交易并完成跨境支付结算的虚拟场所,具有电子化、全球性、开放性、低成本等特点,显著提高了跨境贸易的交易效率,使得中小外贸企业有可能拥有与大企业一样的信息资源和竞争优势。

(2) 分类　根据产业终端用户类型,全球跨境电商平台可分为 B2B、B2C;根据平台的运营方式,可分为第三方开放平台和自营型平台;根据服务类型,可分为信息服务平台和在线交易平台。目前全球跨境电商市场主要集中在北美、欧洲、澳洲、东南亚、南美等地。

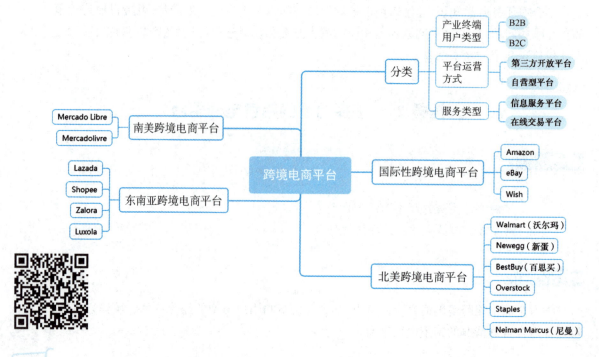

任务实施

一、认识主流跨境电商平台

（一）速卖通

1. 特点

速卖通是阿里巴巴集团的系列平台产品之一，它是面向国外客户，通过支付宝国际账户担保交易，并使用国际快递发货的平台。在该平台开店简单、易操作，适合初级卖家和个体经营者。

速卖通对入驻商家实行年费机制和年费返还机制。一方面，根据经营大类设置不同的年费，提高了卖家的入驻门槛；另一方面，商家的销售额达到考核标准后，则可以享受年费返还。

在店铺运营过程中，直通车推广方式尤为重要。该方式是阿里巴巴提供给速卖通会员使用的、全新的网络推广方式，会员可自主设置多维度关键词免费展示产品信息，通过大量曝光产品信息吸引潜在买家，并按照点击量付费。通过这种方式，可以选出商业价值大、潜在客户多、性价比比较高的特定关键词，通过竞争获得在这些关键词下的产品核心展示位置，以及在搜索结果右侧页面前5位的优先展示机会，从而持续吸引目标客户的关注，提升页面跳转率和成交率。直通车推广是速卖通推广的一大特色，也是入驻速卖通卖家尤其需要关注的内容。

2. 优势

速卖通平台交易手续费较低，和其他竞争对手相比有明显的优势，丰富的淘宝产品资源也是其他平台无法比拟的；淘代销的功能使卖家可以非常方便地将淘宝产品一键卖往全球；速卖通还为卖家提供一站式产品翻译、上架、物流、支付等服务，其核心优势就是让没有外贸经验的人能够轻松实现全球跨境交易。另外，凭借阿里巴巴国际站的知名度，再加上各大洲相关联盟站点、谷歌（Google）线上推广等渠道，为速卖通平台引入了源源不断的优质流量。

（二）亚马逊

1. 特点

与其他跨境平台相比，亚马逊有以下3大特点。

（1）强调产品形象，弱化店铺功能　平台的运营定位是纳入第三方卖家的产品，使平台的产品库更加丰富，同时必须确保亚马逊平台统一的品牌形象。因此，平台没有给卖家店铺过多的自定义选项，卖家上传的产品也必须符合亚马逊平台的形象要求。

（2）高门槛、严要求　平台会严格审查申请入驻的卖家企业的资质，经过筛选的卖家才可以入驻。平台对卖家的运营和销售过程也有严格要求，所有卖家必须遵守亚马逊平台对客户的服务承诺。一旦卖家无法达到要求，就会受到严厉处罚，甚至会被永久封号。这也是所有入驻亚马逊平台的卖家需要注意的。

（3）去个性化，看中价格、配送及售后服务　亚马逊不希望卖家上传的产品有太鲜明的特点,引导卖家把精力放在加强售后服务上才,这是平台的主要目的。

2. 优势

亚马逊平台的优势在于品牌的国际影响力和优质的客户服务体系,以及领先的国际物流仓储服务。亚马逊在北美站提供 FBA(fulfillment by Amazon)服务,能实现 2~3 天到货,最快次日达。在欧洲市场,可以帮助卖家实现欧洲 5 国(英国、法国、德国、意大利、西班牙)的统一仓储和物流服务,并可配送至欧盟其他国家,方便卖家为亚马逊欧洲网站提供本地化客户服务及快捷的物流服务,同时向客户提供精准的产品推荐服务。

(三) eBay

1. 特点

eBay 在创立之初是一个拍卖网站,如今在销售方式上也延续了拍卖的模式,这是 eBay 与其他跨境电商平台最大的不同点。

在 eBay 平台上,每天都有数以百万计的家具、电脑、车辆及收藏品等在刊登售卖。可以说,只要不违反法律或不在 eBay 的禁售物品清单内,都可以刊登售卖,服务及虚拟物品也在售卖物品的范围之内。公平地说,eBay 推翻了以往那种规模小的跳蚤市场,将客户与卖家联系在一起,创造了一个永不休息的市场。eBay 平台有几个不同于其他跨境电商平台的特点。

(1) 在 eBay 平台开店的门槛比较低,但需要提供的材料较多,手续比较繁琐,比如发票、银行账单等,因此,卖家想要入驻 eBay 平台,需要非常了解其繁琐的规则。

(2) 在 eBay 平台开店是免费的,但上架是收费的。eBay 开店审核周期非常长。店铺开通之初售卖产品不能超过 10 个,而且只能拍卖,累积的信誉才能越来越多。因此,店铺出业绩和出单周期比较长。

2. 优势

eBay 平台的优势包括品牌的国际影响力、全球市场覆盖率、健全的客户保障体系及与 PayPal 支付紧密合作的关系。在物流方面,eBay 联合第三方合作伙伴——中国邮政速递,为中国卖家提供便捷、快速和经济的国际 E 邮宝货运服务,并逐渐从美国、澳大利亚、德国等发达国家向俄罗斯等新兴市场延伸。eBay 的卖家保护政策,通过大数据技术及客户质量评估,强化对卖家的支持和保护,助力卖家业务的快速发展。

二、认识独立站

由品牌商建设的具有销售功能的网站就是独立站。每一个跨境电商平台就是一个独立站。可以自己建站,自己营销。Shopify 是帮助建站的一个不错的工具,还有其他工具如 WordPress、Opencart、Prestashop 等。

1. 选择第三方开放平台

(1) 优点 直接通过现有的电商平台开店。平台已具备很大的访客量,只需要做好产品和服务及相应的推广,就可以轻松获取精准的访客流量,在短期内以较小的投入就可以获得比较可观的效益。网络安全措施也比较完善,用户的信任度比较高。

(2) 缺点 受平台规则约束,比较被动,也无法完全掌控客户资源。平台进驻费不低,自有流量精准度难以控制,并且平台内产品价格竞争大,新手很难做好。

2. 独立站

(1) 优点　可以帮助产品形成品牌,吸引的客户精准度较高,成交率更高,有利于客户累积;完全掌握客户资源,可再次营销。

(2) 缺点　网站初期流量少,运营周期较长。须长期的优化维护及推广,才会带来访客。另外,网络安全技术方面要求也比较高,如果平台存在漏洞,可能遭受较大的损失。

三、主流跨境电商平台的搜索排名规则

每个平台都有自己独有的排名规则,卖家在选择跨境电商平台时需要多总结,摸索最适合自己商品规律的平台。当然,有的卖家已经有了商品,再考虑如何选择跨境电商平台。在国内跨境电商高速发展的背景下,更多的新手卖家则是先了解平台,然后才考虑选品。下面介绍几种主流跨境电商平台的搜索排名规则,帮助新手卖家选择合适的跨境电商平台。

(一) 亚马逊搜索排名规则

1. 亚马逊自营和 FBA 卖家排名靠前

在亚马逊排名靠前的一般是亚马逊自营和使用 FBA 的卖家。使用 FBA 的商品优先展示的比重很大,这是亚马逊用户的行为习惯导致的,大部分亚马逊用户习惯使用货到付款的功能。

2. 店铺指标因素

影响店铺排名的主要店铺指标有销量、好评率及绩效指标。3 个指标越高,排名越靠前。

(1) 销量　销量的高低会直接影响到亚马逊的销售扣点,销量越高排名越靠前。

(2) 好评率　亚马逊非常重视用户体验,而好评率就是口碑的体现之一。

(3) 绩效　由很多个方面组成,包括订单缺陷率(ODR)、订单取消率、延迟发货率等。

3. 搜索及类目相关性

(1) 搜索相关性　标题中必须含有关键词,商品的 5 个搜索关键词、材质相关关键词、款式相关关键词等都对排名有帮助。

(2) 类目相关性　亚马逊每个商品类目下都有属性可供选择,在商品上架时选择好商品属性、材质等对排名有帮助。

(二) 速卖通搜索排名规则

不同于亚马逊,速卖通跟 eBay 类似,都是通过搜索排名规则,而影响速卖通搜索排名的因素主要是搜索词与商品相关性和商品质量。

1. 搜索词与商品相关性

(1) 商品的标题描述与搜索词的匹配程度。

(2) 商品属性的正确性对排名的帮助。

2. 商品质量

速卖通判断商品质量的因素有 4 个方面:商品图片质量、商品价格、商品销售情况、商品销售转化率。

(1) 商品图片　　对于图片质量的要求,除了图片清晰外,还需要在上传主图时上传6～8张副图片,且必须包含商品主体、细节、包装、材质等要素。简单理解就是,用户通过图片方便了解商品主要性质。

(2) 商品价格　　速卖通更偏向于平台上同类商品的主流价格,上传的商品价格与主流价格越接近越好。

(3) 商品销售情况　　即店铺商品的历史销售数据,数据越合理,商品质量会被判定越好。

(4) 商品销售转化率　　其他所有条件相同,在固定时间内商品的销量越高,排名越靠前。这里需要注意的是,如果在一定时间内商品的曝光次数高而销量很少,商品质量会被速卖通判定为不好。

(三) eBay 搜索排名规则

eBay 商品排名最重要的指标是最佳匹配(best match),而影响最佳匹配的因素包括近期销售记录、即将结束时间、卖家评级(DSR)、买家满意度、商品标题相关性、商品价格和运费、卖家表现、退换货服务。

(1) 近期销售记录　　这个记录主要针对 eBay 定价类商品,用以判定卖家目录(listing)中有多少项(item)被不同买家购买。商品的记录越多获得的曝光度就越高。

(2) 即将结束时间　　主要针对拍卖类商品,就是拍卖商品的下架时间。拍卖的商品在即将下架时的排名是最好的。

(3) DSR　　评价的维度包括商品描述、客服、物流时间、运费。评价越高商品排名越靠前。

(4) 买家满意度　　有3个衡量标准,即中差评数、DSR中1和2分数量、INR/SNAD投诉数量。满意度越高排名越靠前。

(5) 商品标题相关性　　用户的搜索词与商品标题和关键词的匹配程度。

(6) 商品价格和运费　　eBay 的规则是提高免运费的商品排名,降低高运费或者运费不明确商品的排名。

(7) 卖家表现　　指的是卖家在诚信方面的表现,包括买家投诉的比例、买家满意度和评价等。

(8) 退换货服务　　卖家如果提供退换货服务,排名会更好。

任务评价

影响各主流跨境电商平台搜索排名的因素有哪些?(10分)

能力拓展

1. 与其他跨境电商平台相比,为什么亚马逊的平台入驻要求较高?
2. 一位鞋厂老板想要开拓美国市场,请为他选择合适的跨境电商平台,并说出理由。

单元二　店铺装修与设计

随着人们对于视觉享受的要求越来越高,一张平庸的图片已经越来越难以吸引人们的眼球,尤其是在电子商务活动中,"好的图片已经成功一半"成为行业共识,一张好的视觉设计图片能够激发消费者的购买欲望,有利于促成交易。

本单元主要介绍视觉规划的方法、店铺装修后台操作步骤和产品主图和详情页的优化方法。

任务1　店铺装修后台操作

学习目标

1. 掌握利用视觉规划方法装修店铺。
2. 学会在速卖通后台正确设置店铺基本信息。
3. 学会正确使用代码的方式插入"关联营销"板块。

学习任务

结合人们的视觉习惯,对现有的图形元素进行合理的组织和安排,吸引受众注意,传递作品信息。本任务的内容主要包括店招板块、图片轮播板块、商品推荐板块和自定义内容区的实际操作,完成店铺后台装修工作任务。

任务分析

视觉是有一定选择性的,尤其是在接收信息的过程中。视觉的注意点具有强烈的指向性和转移性,视觉规划需要符合人的视觉习惯、浏览规律。

首先选择要装修的页面,即首页、详情页、列表页等,而每个页面的布局排版也不相同。这一步需要考虑是否每个页面都可以装修。选好页面之后选择组件进行布局排版,如首页中的搜索位置、轮播图位置、广告位设计。然后,为每个组件选择样式。最后配置具体信息,上传图片,为图片设置链接。不同组件需要配置的信息也不相同,取决于组件本身的要求。

任务准备

1. 移动端信息设备,速卖通 APP 软件。
2. B2C、C2C 平台:速卖通平台 https://www.aliexpress.com/。

知识储备

视觉规划时要遵循"F"形浏览规律,还应符合视觉设计的要求。时刻谨记,视觉规划的目的在于促进销售。

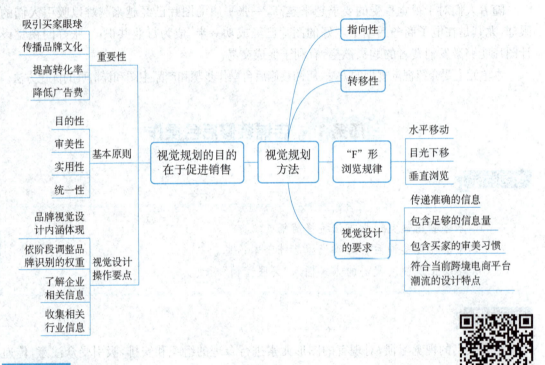

任务实施

第 1 步:店铺装修的准备

1. 思考设计的目的

当接到一个设计任务时,不要急于动手制作。应首先考虑设计内容应该发挥什么作用。例如,产品页面所起到的作用应该有:①最大限度地展示产品的美观性和功能性。②将客户所需要了解的所有信息尽可能清晰地表达出来。③让客户更积极更方便地下订单。

常用的产品页面设计的配色关键词有清晰、舒适、引导等;常用的推广页面设计的配色关键词有吸引力、氛围、快速传递等。

2. 策划页面结构

策划页面结构可以采用画框架图的形式,既可以表达设计者的思路,也方便与设计师交流。设计框架图可以用纸和笔、Word 文字处理软件等各种方式实现。简单的页面框架设计图如图 2-1-1 所示。

单元二　店铺装修与设计

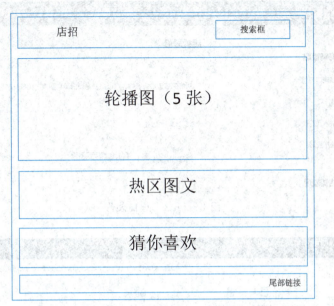

图 2-1-1　简单的页面框架设计图

3. 准备设计素材

设计素材主要包括产品照片、文案、品牌标识和装饰性素材。产品照片尽量选择高像素、拍摄角度满足设计需求的图片。比如，服装类产品需要产品细节图、3C类产品需要产品功能图等。文案包括营销文案、活动文案和产品文案。不管是哪种文案，突出主题是最基本的要求。设计品牌标识时，应当准备多种格式的高像素图片。装饰性素材应与活动主题、目的相适应。另外，素材还应该符合客户当地的风俗习惯。

4. 借鉴同行

多观察优质店铺和相关设计网站的设计风格，有助于开阔眼界。只有熟悉并把握当前的设计潮流，才能不断创新。

第 2 步：店铺装修基本设置

接下来就可以通过速卖通平台提供的装修工具装修了。下面以无线端装修为例，了解店铺装修的具体流程。

步骤1：登录速卖通后台，点击"店铺"→"店铺装修及管理"→"进入装修"，如图2-1-2所示。

步骤2：在打开的"我的页面"中，点击"页面"→"无线端" →"首页"命令，打开"无线端/首页"，如图2-1-3所示。单击"新增页面"按钮，打开"新增页面"窗口。

步骤3：在弹出的"新增页面"中，设置新增页面信息，如图2-1-4所示。单击【下一步】按钮，打开"选择页面模板"。

步骤4：选中适合自己店铺的模板，如图2-1-5所示，单击【创建】按钮，模板创建成功。模板里面所有图都具有引导客户的作用，建议新手参考模板的图片和文案的风格，有经验的设计师则可以自由发挥，自己设计模板。

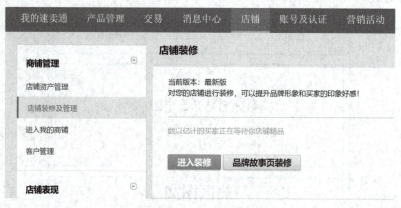

图 2-1-2 店铺装修

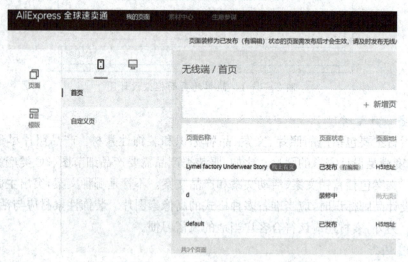

图 2-1-3 无线端/首页

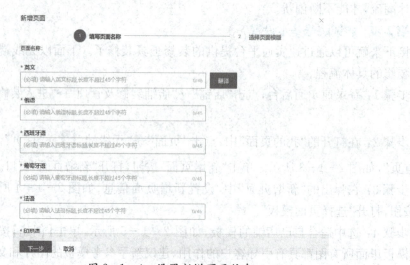

图 2-1-4 设置新增页面信息

图 2-1-5 "选择页面模版"页面

第 3 步：用代码方式插入"关联营销"模块

步骤 1：进入装修市场，选择喜欢的模板，如图 2-1-6 所示。

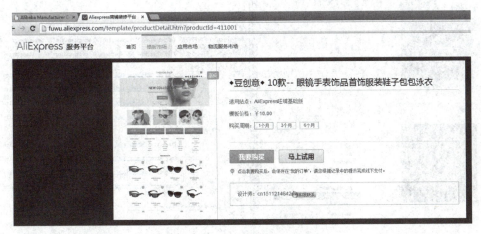

图 2-1-6 选择模板页面

步骤 2：点击"马上试用"，进入装修页面，选择需要推广的产品。
步骤 3：用切片工具将图片裁剪成 8 份，保存为图片和 HTML 格式。
步骤 4：将切片图片上传到图片银行，如图 2-1-7 所示。上传之后，每一幅图片都会有一个图片链接，如图 2-1-8 所示。

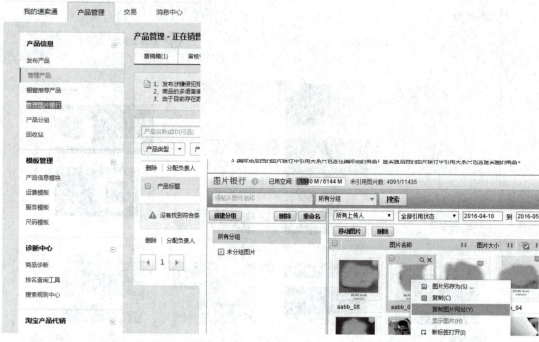

图 2-1-7　图片上传页面　　　　　图 2-1-8　上传完成界面

步骤5：打开第2步保存的网页文件，右键单击出现如图2-1-9所示菜单。单击"网页源代码"，如图2-1-10所示。将代码从<head>到</body>复制到文本文档里。

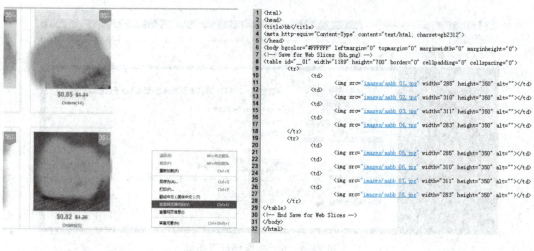

图 2-1-9　"查看网页代码"页面　　　　　图 2-1-10　网页源代码

将8张图片的蓝色部分，采用第3步的图片链接代替，如图2-1-11所示。最后，将这些代码复制到"详情"代码里面，如图2-1-12所示。插入之后，如图2-1-13所示。

单元二　店铺装修与设计

```
<head>
<title>bb</title>
<meta http-equiv="Content-Type" content="text/html; charset=gb2312">
</head>
<body bgcolor="#FFFFFF" leftmargin="0" topmargin="0" marginwidth="0" marginheight="0">
<!-- Save for Web Slices (bb.png) -->
<table id="__01" width="1189" height="700" border="0" cellpadding="0" cellspacing="0">
    <tr>
        <td>           <img src="http://kfdown.a.aliimg.com/kf/HTB1qWoKJFXXXXX5XpXXq6xXFXXXk/206059368/HTB1qWoKJFXXXXX5XpXXq6xXFXXXk.jpg" width="285" height="350" alt=""></td>
        <td>           <img src="http://kfdown.a.aliimg.com/kf/HTB1AzUcJFXXXXbuaXXXq6xXFXXXQ/206059368/HTB1AzUcJFXXXXbuaXXXq6xXFXXXQ.jpg" width="310" height="350" alt=""></td>
        <td>           <img src="http://kfdown.a.aliimg.com/kf/HTB1cWZPJFXXXXa9XXXXq6xXFXXXo/206059368/HTB1cWZPJFXXXXa9XXXXq6xXFXXXo.jpg" width="311" height="350" alt=""></td>
        <td>           <img src="http://kfdown.a.aliimg.com/kf/HTB1C6siJFXXXXXNaXXXq6xXFXXXC/206059368/HTB1C6siJFXXXXXNaXXXq6xXFXXXC.jpg" width="283" height="350" alt=""></td>
    </tr>
    <tr>
        <td>           <img src="http://kfdown.a.aliimg.com/kf/HTB1z.IDJFXXXXbUXpXXq6xXFXXXC/206059368/HTB1z.IDJFXXXXbUXpXXq6xXFXXXC.jpg" height="350" alt=""></td>
```

图 2-1-11　8 张图片的蓝色部分用图片链接代替

图 2-1-12　复制到"详情"代码　　　　　图 2-1-13　插入之后

任务评价

根据表 2-1-1 的项目进行评价。

表 2-1-1 店铺装修后台操作学习评价

评价项目	自我评价(25分)		小组互评(25)		教师评价(25)		企业评价(25)	
	分值	评分	分值	评分	分值	评分	分值	评分
产品的美观性和功能性	4		4		4		4	
产品信息	3		3		3		3	
客户下单方便度	3		3		3		3	
页面结构	4		4		4		4	
设计素材	3		3		3		3	
设计风格	3		3		3		3	
店铺装修后台操作	5		5		5		5	

能力拓展

1. 运用视觉规划方法,完成符合"美妆"店铺风格的装修。
2. 在"美妆"店铺中选择 3 款与爆款产品相关联的产品,用代码方式插入到爆款产品的详情页中,作为关联营销。

任务 2　优化主图与产品详情页

学习目标

1. 掌握主图产品详情页的优化技巧。
2. 学会提高产品详情页转化率的方法。

学习任务

本任务通过主图优化提高点击率,深度认识优化产品主图和产品详情页的意义,从而达到提高转化率的目的。通过不断地搜索和分析,优化主图,熟悉优化产品属性的作用和意义,进一步学习深度优化产品属性的技巧,帮助速卖通的新手卖家提高流量。

任务分析

自然搜索优化主要就是主图的优化,使其快速吸引客户。现在很多类目有 90% 的流量来源于无线端,无线端消费者先识别主图,决定是继续浏览还是跳出,所以主图跟点击率直接相关,主图的设计至关重要。而详情页承接主图引入的人群,承接得好,就直接转化了,否则还会跳失。因此,主图和产品详情相辅相成,至关重要。

任务准备

1. 移动端信息设备,速卖通 APP 软件。
2. 速卖通平台 https://www.aliexpress.com/。

任务实施

第1步:主图优化

1. 反光

为了避免图片上出现刺眼的反光点,拍照时最好使用一个柔光罩,或用白色透明塑料盒、白胶带等遮挡反光点。为了呈现渐变效果,可以把产品放在帐篷内,在照相机和产品之间再放柔光罩。或者,通过相片编辑来消除反光点。产品反光点如图 2-2-1 所示。

2. 阴影

阴影能够增强图片效果,突出展现产品的优点,但过多的阴影会把人们的注意力从产品本身转移开来。要自然呈现产品,必须小心处理阴影和亮点。产品阴影效果如图 2-2-2 所示。图(a)中的阴影扰乱了人们的注意力;图(b)去除多余阴影后,产品看起来更加自然。

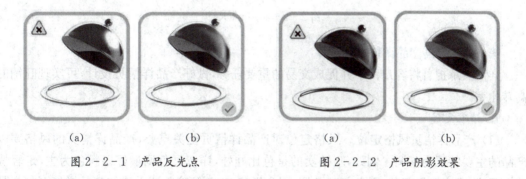

(a)　　　　　(b)　　　　　　　(a)　　　　　(b)

图 2-2-1　产品反光点　　　　图 2-2-2　产品阴影效果

3. 背景色

很多跨境电商平台要求产品主图为白色背景。根据产品类型和编辑的图片数量,选择合适的背景色。如果产品是深色或彩色,最好选择简单的白色背景;如果产品是白色,就选择深色背景,更易突出产品,如图 2-2-3 所示。

4. 定向

对称产品在照片中的摆放位置一般都很简单。一字摆开,间隔相等的距离,顶部留白比底部多。而不对称产品,摆放方向不同,会呈现出不同的效果。买家在阅读产品描述时,喜欢产品正面朝他们,如图 2-2-4 所示。

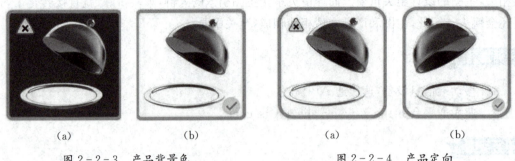

(a)　　　　　　(b)　　　　　　　　　　(a)　　　　　　(b)

图 2-2-3　产品背景色　　　　　　　　图 2-2-4　产品定向

5. 产品尺寸

仅看图片，很容易误导消费者买到尺寸不合适的产品。出售玩具屋、小家具或微型轿车的卖家，更容易遇到这种情况。并不是所有购物者都会仔细阅读产品描述，检查尺寸或重量。因此，尽可能借助测量工具，标明产品尺寸，可有效改善产品展示效果，如图 2-2-5 所示。

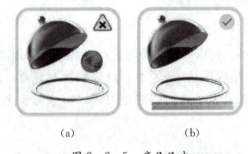

(a)　　　　　　(b)

图 2-2-5　产品尺寸

第 2 步：提高产品详情页转化率

详情页承担着将客户留下并促成交易的重要任务，做好产品详情页设计，可实现旺铺的高转化率。

1. 精准定位

（1）产品详情页风格定位　风格定位对产品详情页至关重要，产品详情页的风格要以产品的主要特征为基调。例如，旺铺卖的是芭比娃娃，详情页色调最好以粉色为主，走轻快浪漫路线；不应采用灰色、黑色等暗色调，因为黑色、灰色等暗色调无法使产品详情页与产品风格融合。准确的产品详情风格定位，能够将客户迅速融入产品氛围，从而更容易使客户对产品产生认同感。

（2）产品详情页人群定位　包括目标市场定位和客户定位。目标市场定位是指产品销售的方向，如销往欧洲还是非洲，是销往发达国家还是发展中国家等；人群定位主要是指销售的对象，是老年人还是青年人等。

2. 准确的产品信息

产品详情页的作用在于让客户了解产品、信任产品，直至购买产品。它不同于文学创作，而是追求能在一定时间内快速准确地传达产品信息。简单来说，就是在短时间内，让客户看完产品详情页后,能清楚地获取以下信息:卖家提供的是什么产品或服务;产品或服务如何使用户受益;如果用户对这个产品或服务感兴趣,接下来应该做什么。

在表达产品信息的时候,要特别注意以下两点。

(1)避免使用术语　专业术语表达会让客户感到迷惑。所以,除非95%以上的客户都能够清楚了解术语所包含的准确含义,否则应尽量避免使用术语。

(2)卖点清晰　一个产品可以有多个优点,但真正的卖点往往只集中在某一点上。要准确抓住客户的"痛点",有针对性地提取产品的卖点,然后在产品介绍中不断强化此卖点。无论是图片还是文字形式,编辑页面时都需要多次强调主要卖点,以确保产品能给客户留下深刻印象。

3. 赢得客户信任

产品详情页主要是以产品的特点为出发点,配合标题、主图等设计元素,真实表达产品的基本属性。一般来说,详情页的主要设计思想为:产品价值+卖家价值=客户信任。

产品详情页的前半部分主要诉说产品自身的价值,而后半部分则应该尽可能地展示卖家价值。卖家价值可以通过卖家具有哪些优质资源、提供哪些服务内容、能够解决哪些问题等方面来体现。通过产品的详情页充分展示商家的优势,让客户对商家的信任感从产品延续到公司实力上,这有利于后续的询盘及订单的转化。

4. 适当的产品关联

将其他产品关联在详情页中,其作用不容忽视。适当的关联营销,不仅能够有效降低店铺内其他产品的推广成本,还会增加客户的访问深度,帮助店铺用最少的成本,实现一个甚至多个询盘的转化。但要特别注意产品之间是否存在共同点,而不能只是为了关联而关联。不恰当的关联不仅无法造成有效的产品推广,还有可能给客户造成强制营销的感觉,影响订单的转化率。数量要少,关联产品的数量最好控制在3~12个。

(1)关联营销产品的摆放位置

① 放在产品详情页的上方。产品详情页的上方适合放置转化率较高的产品,增加成单量,获取更多的流量。

② 放在产品详情页的中部。产品详情页的中间适合放置配套产品,形成配套关系。比如衣服搭配鞋子、羽毛球拍搭配羽毛球等。

③ 放在产品详情页的尾部。客户看到产品详情页的尾部,基本上已经决定了要不要购买该产品。为了避免客户因价格不满意或产品不符合期望值等原因关闭页面,可以在产品详情页的尾部关联同类产品、热销产品,争取把客户留下来。

(2)PC端和无线端产品详情页的优化方法

① 按平台清晰度、尺寸的要求规范使用图片。

② 不要加水印、文字及边框。水印影响图片的美观;在无线端可能看不清楚文字的具体内容,所以意义不大,反而影响美观;在无线端的搜索结果展示页加边框,产品看起来会特别别扭,对流量的导入会造成负面影响。

③ 店铺和品牌的标识可以放在详情页的边缘,以不挡住产品为基本要求。建议一个店铺内的标识都放在统一的位置,比如统一放在左上角,有利于提升图片的质感,加强客户的

辨识度。

④ 文字内容的要求。

字体：使用阅读清晰的字体，避免变形、潦草的字体。IOS 系统建议使用 Open Sans 字体，Android 系统建议使用 Roboto 字体。

字号大小：最小字号不小于 26px。

文字颜色：文字颜色与背景对比要明显，如白底黑字、黑底白字等。

字数：精简卖点，一段文字的内容不要超过 3 行。一般用户阅读大量信息的时候都是跳跃式阅读。文字行数过多的，一般不会仔细阅读。文字排版示例如图 2-2-6 所示。

图 2-2-6 文字排版示例

任务评价

根据表 2-2-1 的项目进行评价。

表 2-2-1 优化主图与产品详情页学习评价

评价项目	自我评价(25 分)		小组互评(25)		教师评价(25)		企业评价(25)	
	分值	评分	分值	评分	分值	评分	分值	评分
无产品反光点	2		2		2		2	
无产品阴影	2		2		2		2	
背景色能够突出产品	2		2		2		2	
产品定向符合审美	2		2		2		2	
能清楚展示产品尺寸	2		2		2		2	
符合产品定位	2		2		2		2	
产品信息准确度高	4		4		4		4	
客户信任度高	4		4		4		4	
产品关联性强	5		5		5		5	

能力拓展

利用主图优化方法优化"印花连衣裙"产品主图，观察并记录优化后 7 天内的曝光量和点击量，并制作曝光量、点击量折线图。

单元三　跨境电商选品

本单元主要介绍跨境电商线上选品中的站内选品和站外选品。

选品是解决卖什么的问题,选品做得好,店铺的运营就有了基础。产品都是有目标人群的,选品其实是选产品背后的目标人群。高效率的选品可以从产品目标定位、数据化选品两个维度进行。接下来我们就来看看如何对产品进行目标定位,如何高效地选品,如何快速地打造属于自己店铺的流量款、利润款,甚至是爆款。

▶任务1　站内选品

学习目标

1. 学会通过选品原则判断目标产品是否适合店铺。
2. 学会利用平台的数据选出适合目标市场的产品。

学习任务

本任务是在速卖通后台执行"数据纵横"→"行业情报"命令,找出蓝海行业。执行"数据纵横"→"选品专家"命令,利用"热搜"和"热销"两种查询方式确定蓝海产品;也可以执行"数据纵横"→"搜索词分析"→"热搜词"命令,进行关键词选品。最后进入速卖通前台,参考同行卖家产品款式,确定最终的产品属性。

任务分析

各个国家和地区都有自己的传统和文化,也有自己的生活和消费习惯,对产品也有不同的喜好。因此,对产品进行定位和分析,挑选符合顾客需要的产品,是速卖通选品最根本的目的。

速卖通平台选品有站内选品和站外选品两种方式。其中,站内选品是运用速卖通平台站内的一些数据分析工具来选品(主要是数据纵横);站外选品是指参考相似平台或者借助于第三方数据分析工具来选品。

通常要确定店铺最终卖什么产品,通过行业选品→类目选品→产品选品3个步骤来实现。

任务准备

1. 移动端信息设备,速卖通 APP 软件。
2. B2C、C2C 平台:速卖通平台 https://www.aliexpress.com/。

知识储备

在选品之前,首先按照广泛、专业、精选、坚持、重复和数据分析的选品逻辑去思考;其次利用目标市场定位法、产品需求定位法、产品测试定位法、产品差异化价值定位法、营销组合定位法对产品进行定位;最后了解线上选品与线下选品两种选品方式。

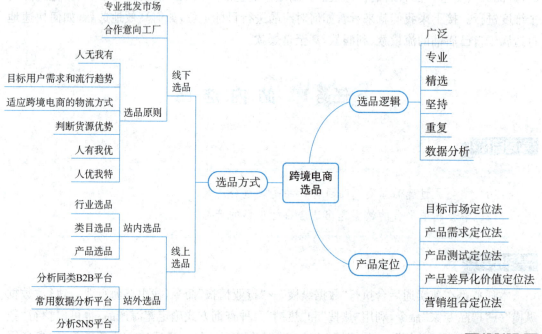

任务实施

第1步:行业选品

一般通过分析后台数据中的行业情报来选择行业。

1. 查看行业情报数据,选择行业

步骤1:如图3-1-1所示,登录速卖通后台,点击"数据纵横"→"商机发现"→"行业情报",打开"行业情报"页面。

步骤2:在"行业情报"页面中选择不同的行业和时间段(最近7天、最近30天、最近90天),查看该行业在该时间段的行业数据,包括流量分析、成交转化分析及市场规模分析,如图3-1-2所示。其中,各项指标的意义介绍如下。

单元三　跨境电商选品

图 3-1-1　速卖通后台操作页面

图 3-1-2　行业情报页面

（1）访客数占比　统计时间段内行业访客数占上级行业访客数的比例，一级行业占比为该行业占全网行业的比例。访客数占比越高，说明该行业的产品受欢迎程度越高；环比涨幅呈上升趋势，说明该产品受欢迎的趋势在持续上升。

（2）浏览量占比　统计时间段内行业浏览量占上级浏览量的比例，一级行业占比为该行业占全网行业的比例。同样，浏览量占比越高，说明点击该行业产品的访客越多；环比涨幅呈上升趋势，说明该产品的点击率在持续上升。

（3）支付金额占比　统计时间段内行业支付成功金额占上级行业支付金额的比例，一级行业占比为该行业占全网行业的比例。支付金额占比越高，说明该行业产品的成交金额越大。

（4）支付订单数占比　统计时间段内行业支付成功订单数占上级行业支付成功订单数的比例，一级行业占比为该行业占全网行业的比例。同样，支付订单数占比越高，说明该行业产品的成交数量越大。

(5) 供需指数　统计时间段内行业的商品指数、流量指数。供需指数越小,表明竞争越小。

步骤3:选择感兴趣的3个行业,查看这3个行业最近的发展趋势。"行业趋势图"页面如图3-1-3所示。

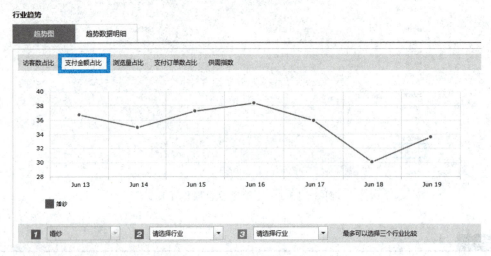

图3-1-3　"行业趋势图"页面

步骤4:查看趋势数据明细,包括该行业访客数占比、浏览量占比、支付金额占比、支付订单占比及供需指数等详细数据。单击页面右上角的"下载"按钮,下载最近的原始数据(Excel格式),这样更加方便分析数据。"趋势数据明细"页面如图3-1-4。

	流量分析		成交转化分析		市场规模分析
	访客数占比	浏览量占比	支付金额占比	支付订单占比	供需指数
2017-11-15	62.44%	63.53%	57.48%	52.54%	131.05%
2017-11-16	61.62%	63.05%	56.56%	52.76%	133.37%
2017-11-17	61.74%	63.57%	57.18%	53.36%	134.02%
2017-11-18	61.89%	63.17%	57.57%	53.26%	135.42%
2017-11-19	62.18%	62.87%	56.19%	53.49%	134.93%
2017-11-20	61.44%	62.73%	58.14%	53.21%	134.35%
2017-11-21	62.14%	63.55%	57.76%	53.53%	131.92%

图3-1-4　"趋势数据明细"页面

步骤5:如果产品比较适合某个国家,或者想主要开拓某个国家的市场,可以参考行业国家分布的数据。"行业国家分布"页面如图3-1-5所示。

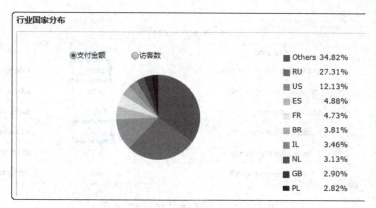

图 3-1-5 "行业国家分布"页面

2. 通过查看蓝海市场数据选择行业

步骤1：在"行业情报"页面中单击"蓝海行业"标签，平台会推荐一些蓝海行业信息，如图 3-1-6 所示。点击行业所在的圆圈可以查看该行业详情。在行业蓝海程度中，"接发与发套"行业竞争最不激烈，而"玩具"行业竞争最激烈。

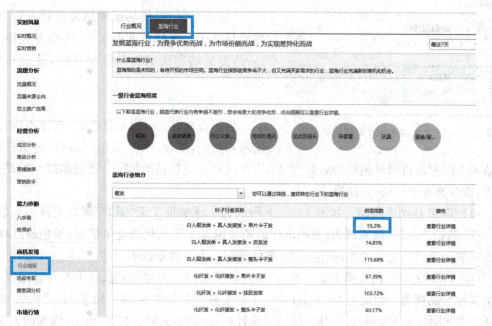

图 3-1-6 "蓝海行业"页面

步骤2：查看"蓝海行业细分"数据列表中的"供需指数"(该指数为统计时间段内该行业的产品指数/流量指数)。供需指数越小，则表明竞争优势越小。"蓝海行业细分"页面如图 3-1-7 所示。

第2步：类目选品

所谓类目选品就是在某个行业下选择售卖类目产品的类型。卖家选定行业后，就要确

图 3-1-7 "蓝海行业细分"页面

图 3-1-8 "选品专家"页面打开方式

定要卖这个行业下的哪些类目的商品,也就是类目选品。可以借助"商家发现"里面的"选品专家"分析。登录速卖通后台,单击导航栏的"数据纵横"选项,在"商机发现"列表中单击"选品专家"选项,如图 3-1-8 所示。

"选品专家"提供热销和热搜两种查询方式:热销是站在卖家的角度而言的,适合寻找爆款产品;热搜是站在买家的角度而言的,适合开发新产品。

1. 选品专家——热销

热销查询方式可以通过查询,选择不同行业、国家和时间,统计 TOP 热销产品词,进而分析全球或某个国家最近市场热销的品类、产品,以及这些品类热销的特征。通过多维度关联销售数据,能快速看清市场,方便选品。

(1) TOP 热销产品词 如图 3-1-9 所示为全球最近 7 天"服装/服饰配件>女装"行业 TOP 热销产品词,圆圈越大,表示该产品销量越高。颜色代表竞争情况,颜色越红(红色越深),表示该产品竞争越大;蓝色越蓝(蓝色越深),表示竞争越小。

(2) TOP 关联产品 单击某一类,可以查看买家同时关注、浏览、点击的与该品类相关联的其他产品情况。运动上衣(blazer)的 TOP 关联产品如图 3-1-10 所示。"联系"越粗,表明买家的同时关注度越高,产品之间的关联性越强,即买家同时浏览、点击、购买的人越多。颜色代表竞争情况,颜色越红(红色越深),表示竞争越激烈;颜色越蓝(蓝色越深),表示竞争越小。

(3) TPO 热销属性 该功能可以查看某个品类下热销产品的属性。单击"+",可以展开 TOP 热销属性值;单击"-",可以收起 TOP 热销属性值。单击展开产品的热销属性,属性值的圆圈越大表示销量越高。同一种颜色在这里只作为属性分类。运动上衣的 TOP 热销属性如图 3-1-11 所示。

单元三　跨境电商选品

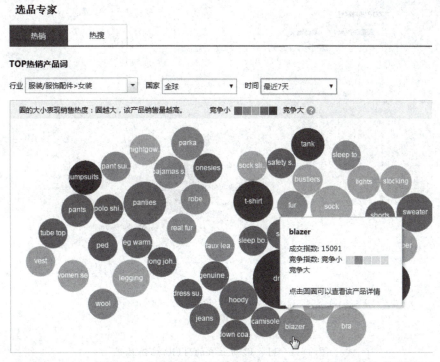

图 3-1-9　最近 7 天全球"服装/服饰配件＞女装"行业 TOP 热销产品词

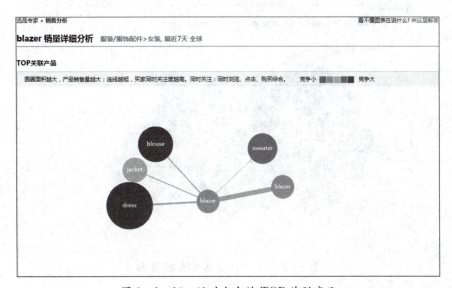

图 3-1-10　运动上衣的 TOP 关联产品

技巧：通过 TOP 热销属性关联，卖家可以结合自己的产品特征，优化产品属性，提高买家找到产品的机会。同时，卖家也可以了解目前热销产品的属性，方便选品。

（4）热销属性组合　卖家可以根据属性组合供应情况选品。"热销属性组合"页面如图 3-1-12 所示。相同颜色代表一类属性组合，颜色占比越大表示销量越多，圆圈越大表示销量越大。

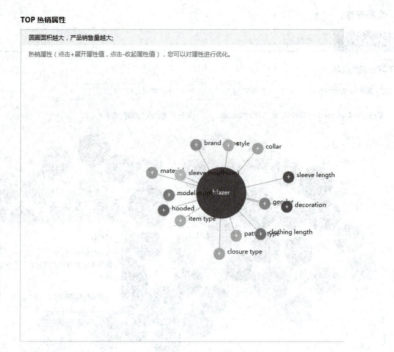

图 3-1-11 运动上衣的 TOP 热销属性

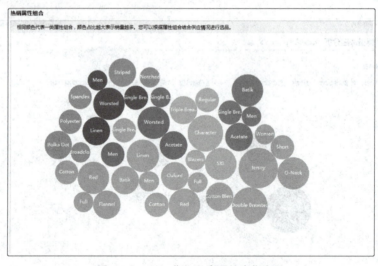

图 3-1-12 "热销属性组合"页面

技巧：单击图 3-1-12 中"Red"属性按钮，打开"热销属性组合"页面，选择两三个属性组合搜索，可以查看热销属性组合详情。既可以在速卖通平台上查看此类产品的特征，也可以在其他网站上查看此类产品的特征。

2. 选品专家——热搜

热搜与热销的功能一样，同样可以选择不同行业、国家和时间来统计市场的热搜产品。关联产品、热搜属性及热搜属性组合，能够帮助我们了解买家在搜索哪些产品。

热搜维度的选品思路和热销维度的选品思路基本一样,因此热搜维度的选品这里就不做详细介绍了。

技巧:如果圆圈代表数据不是很清晰、精准,可以单击页面右上角的下载按钮,导出 Excel 表格数据进行详细的分析。

第 3 步:产品选品

在产品中选品,用到的工具比较多。

1. 属性选品

步骤 1:登录速卖通后台,点击"数据纵横"→"选品专家",打开"TOP 热销产品词"页面。设置热销产品词查询条件,行业选择"服装/服饰配件"→"女装"→"卫衣帽衫",国家选择"全球",时间选择"最近 30 天",如图 3-1-13 所示。

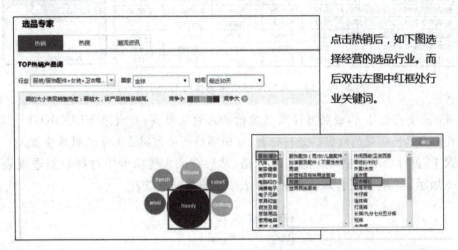

图 3-1-13 "TOP 热销产品词"页面

步骤 2:双击"hoody"图标,打开"TOP 热销属性"页面,如图 3-1-14 所示。

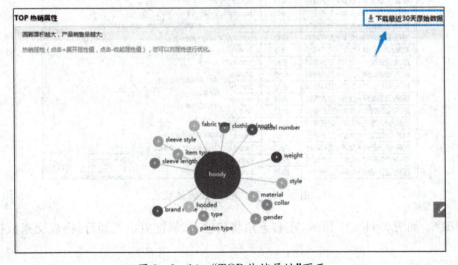

图 3-1-14 "TOP 热销属性"页面

步骤3：单击右上角的下载按钮，导出卫衣帽衫热销属性的Excel表格数据，包括属性名、属性值及成交指数等，如图3-1-15。

行业	国家	商品关键词	属性名	属性值	成交指数
服装/服饰配件>女装>卫衣帽衫	全球	hoody	item type	sweatshirts	146219
服装/服饰配件>女装>卫衣帽衫	全球	hoody	item type	hoodies	116853
服装/服饰配件>女装>卫衣帽衫	全球	hoody	material	cotton	117028
服装/服饰配件>女装>卫衣帽衫	全球	hoody	material	polyester	108030
服装/服饰配件>女装>卫衣帽衫	全球	hoody	material	spandex	20383
服装/服饰配件>女装>卫衣帽衫	全球	hoody	material	nylon	4516
服装/服饰配件>女装>卫衣帽衫	全球	hoody	material	acrylic	4059
服装/服饰配件>女装>卫衣帽衫	全球	hoody	pattern type	solid	49562
服装/服饰配件>女装>卫衣帽衫	全球	hoody	pattern type	letter	32011
服装/服饰配件>女装>卫衣帽衫	全球	hoody	pattern type	print	19257
服装/服饰配件>女装>卫衣帽衫	全球	hoody	pattern type	character	17439
服装/服饰配件>女装>卫衣帽衫	全球	hoody	pattern type	patchwork	9316
服装/服饰配件>女装>卫衣帽衫	全球	hoody	type	pullovers	128905
服装/服饰配件>女装>卫衣帽衫	全球	hoody	type	zip-up	14958
服装/服饰配件>女装>卫衣帽衫	全球	hoody	type	other	2078
服装/服饰配件>女装>卫衣帽衫	全球	hoody	type	zipper	1690
服装/服饰配件>女装>卫衣帽衫	全球	hoody	type	none	114

下载表格后，如左图，把成交指数数据全部选中后，出现黄色感叹号，右击选择转换为数字。

图3-1-15 卫衣帽衫热销属性的Excel表格数据

说明：成交指数越大，说明对应属性值的产品销量越高；可利用VLOOKUP函数在数据透视表中筛选出需要的数据。经行分析，判断哪些产品的属性值是热销属性值。

步骤4：鼠标点击表格中任意一单元格，然后在插入选项卡中选择数据透视表，如图3-1-16所示，点击【确定】，默认在新工作表中创建数据透视表。

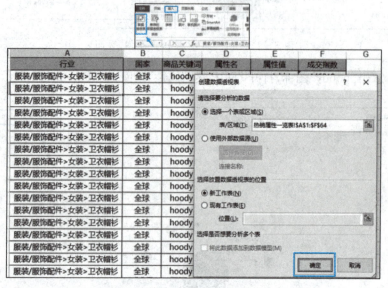

图3-1-16 插入数据透视表

步骤5：如图3-1-17所示，在右下角将属性名、属性值拉入到行，将成交指数拉入到值中。

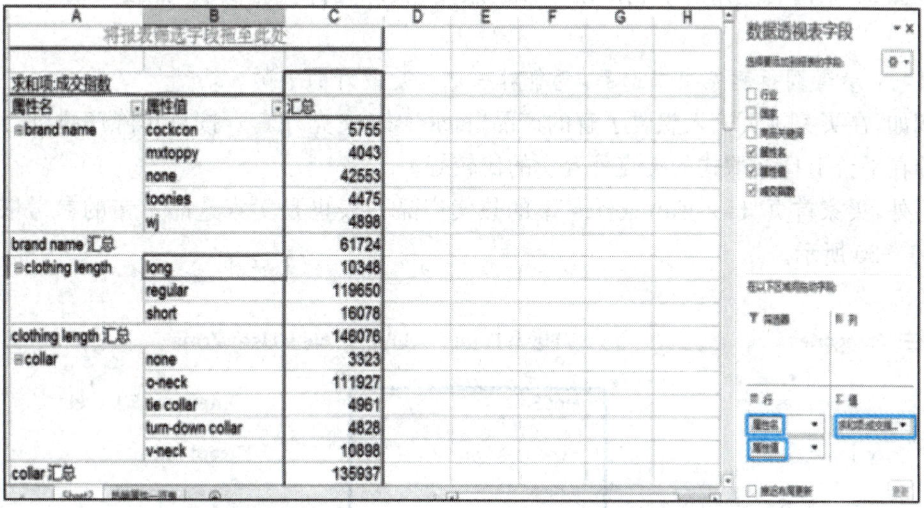

图 3-1-17 数据透视表

步骤6：在数据透视表中，将成交指数按降序排列，再依据与行业有关的重要属性名，如图3-1-18所示，搜集整理。属性名对应的属性值按成交指数大到小排列，例如，领型：圆领＞V领＞带领。

clothing length	regular > short > long
collar	o-neck > v-neck > tie collar
fabric type	broadcloth > knitted > woven > batik
hooded	no > yes
pattern type	solid > letter > print > character
sleeve length	full > short
style	casual > fashion > streetwear

图 3-1-18 整理后的数据透视表

2. 关键词选品

步骤1：点击"数据纵横"→"搜索词分析"→"热搜词"，打开"热搜词"页面，设置行业、国家及时间参数（"飙升词"与"零少词"的选品思路同理），如图3-1-19所示，单击【搜索】按钮。

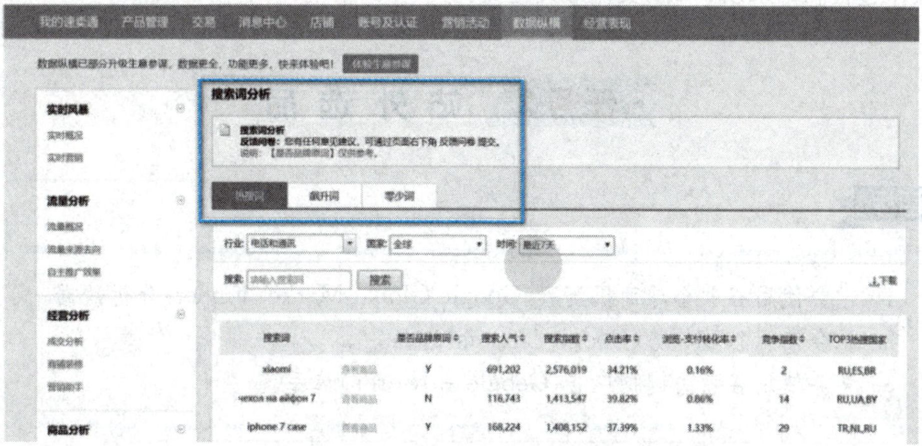

图 3-1-19 "热搜词"页面

步骤2：单击右上角的下载按钮，下载"服装/服饰配件"→"女装"热搜词的Excel表格数据。

技巧：参考同行卖家款式选品，竞争对手永远是最好的老师。

例如，在买家首页输入想要了解的产品"jackets"（夹克外套），按订单降序排列，可以查看目前在平台上什么款式的夹克外套卖的比较好。

另外，买家首页"Hot Categories"下的热卖产品列表也是卖家选品不错的参考依据，如图3－1－20所示。

图3－1－20 "Hot Categories"下的热卖产品列表

任务评价

速卖通的站内选品是如何按类目选品的？（10分）

能力拓展

采用速卖通站内选品的方法，任选5款产品。首先确定行业，再确定类目，最后确定产品。操作过程和结果以Word文档形式提交。

▶任务2　站外选品

学习目标

1. 学会使用谷歌全球商机洞察（Google Global Market Finder）分析数据。
2. 学会使用谷歌趋势（Google Trends）选品。
3. 学会使用谷歌关键词广告（Google Adwords）选品。

单元三　跨境电商选品

学习任务

本任务主要采用常用的数据分析平台谷歌趋势（Google Trends）、谷歌关键词广告（Google Adwords）、谷歌全球商机洞察（Google Global Market Finder）进行数据选品。

任务分析

在大数据运营的范畴内，选品也被赋予了更多的意义。本任务将通过谷歌趋势、谷歌关键词广告、谷歌全球商机洞察这几个平台的关键词，从搜索热度、竞价情况、时间等维度对数据进行排序和分析，最终找出蓝海产品。

任务准备

1. 移动端信息设备，速卖通 APP 软件。
2. B2C、C2C 平台：速卖通平台 https://www.aliexpress.com/。
3. 数据分析平台：谷歌趋势 https://trends.google.com，谷歌关键词广告 https://adwords.google.com/，谷歌全球商机洞察 https://translate.google.com/globalmarketfinder/g/index.html。

知识储备

可以通过分析同类 B2C 平台、常用数据平台、SNS 平台等方法了解流行趋势，分析站外不同平台的数据来帮助我们选品。

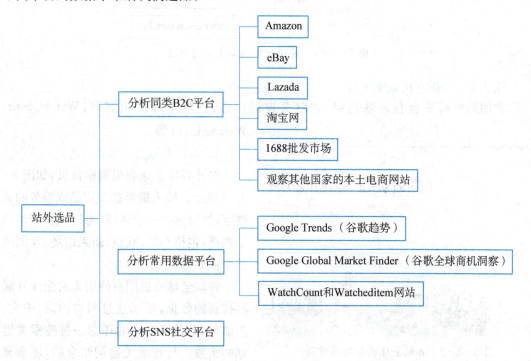

3-13

任务实施

第1步：了解同类 B2C 平台

常见的 B2C 平台有 Amazon、eBay、Wish、Lazada、淘宝网、1688批发市场及其他国家的本土电商网站。其他国家的电商网站如图 3-2-1 所示。

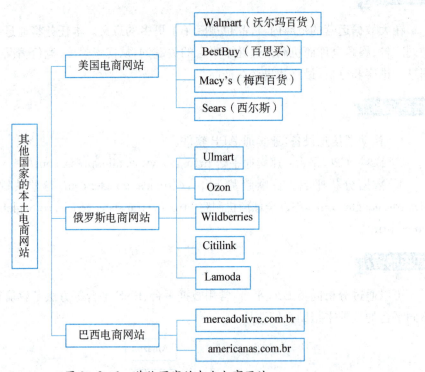

图 3-2-1　其他国家的本土电商网站

第2步：分析常用数据平台

常用的数据平台有谷歌趋势、谷歌关键词广告、谷歌全球商机洞察、WatchCount、Watcheditem 等。

1. 谷歌全球商机洞察平台

打开谷歌全球商机洞察首页，如图 3-2-2 所示。输入能够描述产品或服务的关键字，然后选择一个区域（可以在多个市场中选择，包括 G20、欧盟、新兴市场、亚洲或整个世界等）。

谷歌全球商机洞察使用来自全球互联网搜索的数据，显示通过阿拉伯语、中文、英语等 56 种语言中的任意一种搜索关键词的次数。与谷歌关键词结合后，还会显

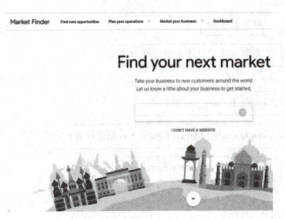

图 3-2-2　谷歌全球商机洞察首页

示估算出来的建议出价,以及在目标市场中使用的关键字(由 Google 翻译提供翻译)的竞争情况。

企业打算向新的市场扩张,不知道自己的产品是否能满足其他市场的需求,要做一些市场调查。只需在 Market Finder 输入网址,可帮助抓取和发现适合的市场。谷歌全球商机洞察列出了 4 个关键参考指标:

(1) Monthly Search Volume Across Categories(该类别产品月搜索量)

(2) Recommended Adwords Bid(推荐关键词广告竞价-竞争情况)

(3) Ease of Doing Business(经商便利度)

(4) Household Net Disposable Income(家庭可支配净收入-购买能力)

通过这些指标,获取新客户的成本与产品的利润比较,帮助确定产品能否吸引新市场中的客户,是否有利于业务的发展,如图 3-2-3 所示。

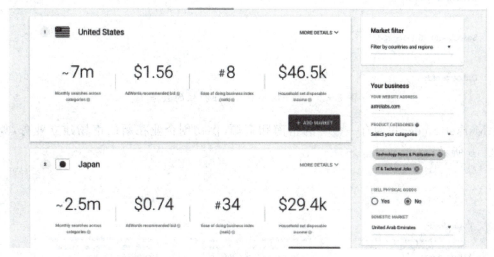

图 3-2-3　全球商机洞察页面

Market Finder 还提供下面这些数据,如图 3-2-4、3-2-5 所示。

图 3-2-4　Market Finder 提供的数据 1

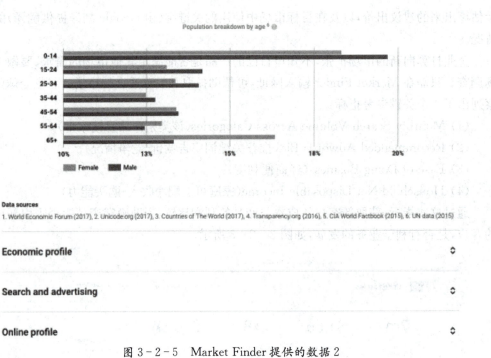

图 3-2-5　Market Finder 提供的数据 2

Market Finder 里面有一整套的指南和资源，供初创企业在新的市场建立业务，如图 3-2-6 所示。

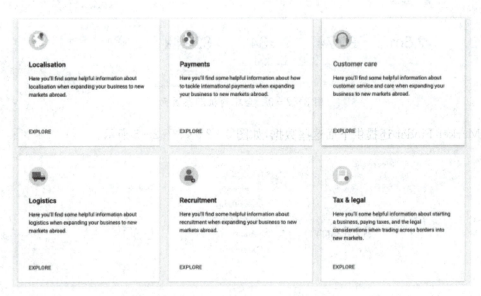

图 3-2-6　Market Finder 的指南和资源

（1）Logistics 资源　解释国际配送规则。

（2）localization 指南　帮助企业更好适应新市场。

（3）Payment 指南　讲述移动支付和全球支付。

这些工具和资源能给不懂如何在新的市场运营以及面对物流挑战的初创企业,提供巨大的帮助。

谷歌是知名的搜索引擎,也是了解营销效果的必备平台,Market Finder 也具备这些功能。例如,搜索表现(Search Performance),可查看关键词在所选市场的搜索率,如图 3-2-8 所示。营销策略(Marketing Strategy),包括一系列资源和指南,为企业提供向新市场拓展的营销技巧,还有各种辅佐工具,比如 Google Trends 和 Consumer Barometer,如图 3-2-8 所示。

图 3-2-7 搜索表现页面

图 3-2-8 营销策略页面

2. 谷歌趋势

打开谷歌趋势首页,如图 3-2-9 所示。鼠标下滑,可以看到近期热搜词,可以查看近期的流行趋势,如图 3-2-10 所示。

图 3-2-9 谷歌趋势首页　　　　　图 3-2-10 近期热搜词页面

点击左下角的"更多热搜词",可以进一步了解近期流行趋势的具体情况,如图 3-2-11 所示的页面。

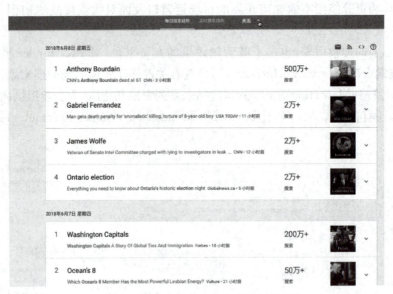

图 3-2-11 "每日搜索趋势"页面

下面以"LED"为例,介绍如何用谷歌趋势选品。

步骤 1:在搜索栏中输入与产品相匹配的精准关键词,这里输入"LED",时间范围选择过去的 12 个月,如图 3-2-12 所示。

技巧:一般的产品,时间维度可选择过去的 12 个月;季节性商品如遮阳伞等,可选择过去的 3 个月,即每个季节作为一个时间范围来选择。这样筛选出的数据才更具有参考价值。

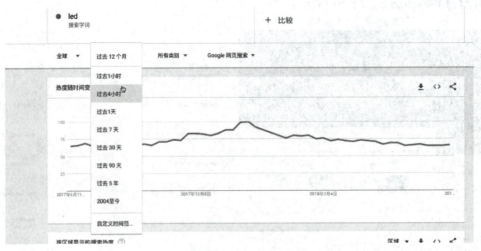

图 3-2-12 谷歌趋势搜索页面

步骤 2:在搜索结果页面点击"按时间变化的趋势",如图 3-2-13 所示。可以看出"LED"这个词的搜索热度随着时间有一个比较规律的波动,高峰期是在每年的 4 月份和 11 月份前后。

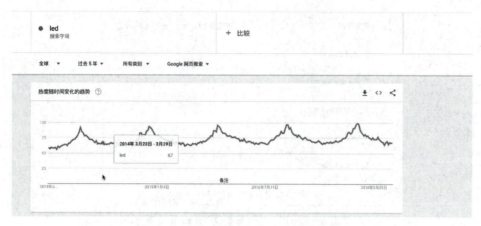

图 3-2-13 "按时间变化的趋势"页面

步骤 3：还可以看到"按区域显示的搜索热度""相关主题""相关查询",如图 3-2-14 所示。

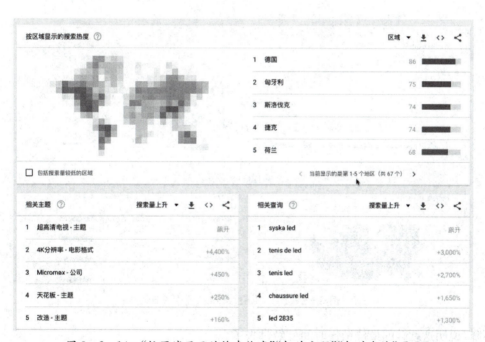

图 3-2-14 "按区域显示的搜索热度""相关主题""相关查询"页面

步骤 4：在"相关查询"板块,找到与"LED"相关度最高的词,搜索热度可以稍低一点,如 "LED shoes",如图 3-2-15 所示。

步骤 5：在谷歌趋势搜索页面中搜索"LED shoes",时间维度选择过去 5 年,如图 3-2-16 所示。

可以看出,这款鞋搜索高峰期也在 4 月份和 11 月份前后,与全球市场销售趋势基本相同,因此主要销售市场在美国。近 5 年来只出现一次搜索热度波动,2017 年以后搜索趋势一

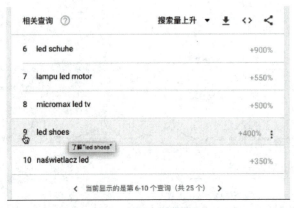

图 3-2-15 "相关查询"页面第 2 页

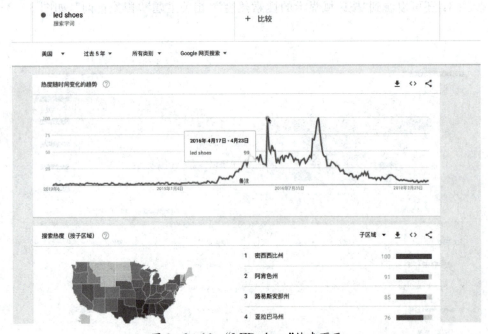

图 3-2-16 "LED shoes"搜索页面

直下降,说明这款鞋的最佳销售时间已经过去了。

步骤 6:在买家页面搜索"LED shoes",可查看该款产品基本流行款式,如图 3-2-17 所示。

3. 谷歌关键词(Google Adwords)

Google Adwords 关键字分析是比较精准的,市面上很多的关键词分析工具都是以此为基础提取数据来加工。因此,更倾向于直接使用 Google Adwords 的原始数据。

谷歌关键字主要是用来投放谷歌广告。一般使用关键字规划大师,如图 3-2-18 所示。在弹出的页面中搜索"shoes",如图 3-2-19 所示。

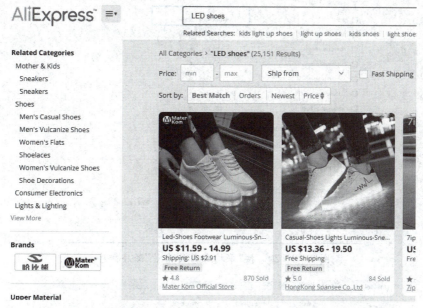

图 3-2-17 "LED shoes"买家搜索页面

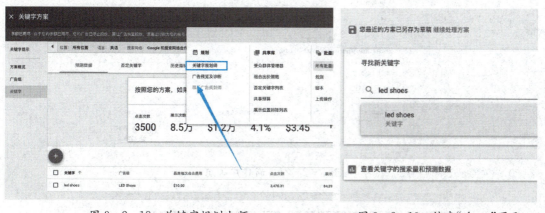

图 3-2-18 关键字规划大师　　　　　图 3-2-19 搜索"shose"页面

将搜索出来的关键词按"平均每月搜索量"降序排序,如图 3-2-20 所示。

筛选关键词,从年龄、性别等,根据产品用户群体,找到与产品匹配度的高精准关键词,否则引进的流量就是垃圾流量。关键字的热度不一定特别高,但一定要精准。

谷歌关键词的预测数据功能,可以知道在谷歌广告投入多少钱,会有多少回报。这个数据跟其他跨境平台(如亚马逊)上投放的站内广告花费基本一致,因此也可以作为广告预算的参考。

步骤 1:新建广告组并编辑广告组的名称,如图 3-2-21 所示。

步骤 2:添加转化指标,转化率为 10%,每次转化价值为 100 港币,如图 3-2-22 所示。

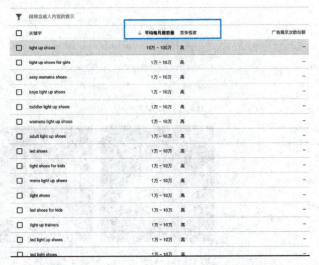

图 3-2-20 按"平均每月搜索量"降序排序

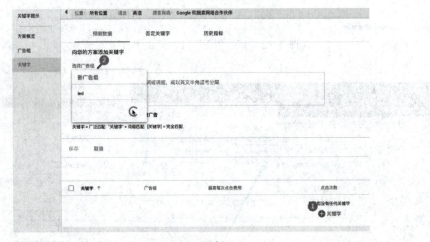

图 3-2-21 新建广告组

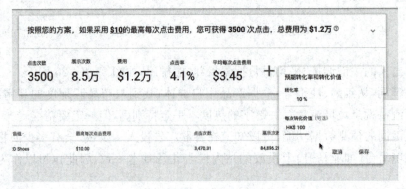

图 3-2-22 添加转化指标

步骤3：如图3-2-23所示，每出一单需要花费34元港币。实际广告回报等于转化3.5万减去费用1.2万，2.3万就是广告回报。

图 3-2-23 广告预算

步骤4：调整转化率，由10%调整到20%，如图3-2-24所示。平均每次花费降到了17元。因此要尽可能提高产品的转化率。一般产品可以做到10%，好的产品达20%~30%也都有可能。差一点的7%~8%，甚至更低2%~3%，也是有可能的。只要将产品做好，营销费就会降低。

图 3-2-24 调整转化率

4. 分析 SNS 社交平台

通过SNS社交平台可了解的信息包括电影流行趋势、时尚博主流行趋势和大型文体活动流行趋势。常用的SNS平台包括Facebook、Twitter等，如图3-2-25所示。

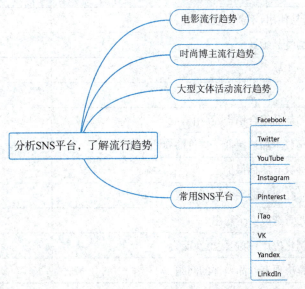

图 3-2-25 SNS平台了解流行趋势和常用的 SNS 平台

SNS社交平台通常是信息的源头,各领域的最新信息和流行趋势都会在SNS平台的网站上开始传播。卖家可以在国外流行的SNS平台网站上关注行业相关领袖的意见和热门话题,通过观察发掘潜在的商机。

总之,选品的步骤分为3步:数据获取、数据分析和竞争力分析。获取的数据越多,数据的质量越高,选品的精确度也就越高;数据加工分析的方法越巧妙,分析的角度越多,涉及的数据量越大,分析出来的结论也就越准确,从而为选品工作提供更加准确的理论依据。在数据获取和数据分析的基础上了解市场,可以分析产品的市场竞争。但是,也不能盲目跟从数据,有时还需要结合实际运营情况,多次实践,反复练习,才能选到合适的产品。

任务评价

参考选品积分表3-2-1,判断选择的产品是否适合销售。40分以下的产品不做;40~50分以下的产品看情况,如果没有更好的选择,勉强可以做;50~60分的产品,可以考虑进入产品线;60分以上的可以试销。(10分)

表3-2-1 选品积分表

项 目	分 值
产品成本不超过500元人民币	5
产品四季可售,无特定节日季节	5
产品无地域性,全世界通用	5
运输不易碎、不易变形	5
复购率高,属于易耗品	5
产品通用搜索词,月搜量大于10万件	5
易操作,易使用,不需要说明书	5
可以作为礼品赠送	5
重量低于1磅	5
体积小于8×8×8(英寸)	5
能与别的产品组合销售、互相搭配	5
产品采购成本加运费低于售价的50%	10
在所售国家有商标保护	5
同类产品在亚马逊平台好评数低于100	5
不会对儿童造成安全隐患	5
可以定制化生产,有迭代更新能力	5
有能力解决现有产品差评的问题	10

> **能力拓展**

你是一位运动鞋生产厂的老板,想要开拓美国市场,请结合所学知识回答以下问题。

1. 美国市场的前景如何?
2. 什么类型的运动鞋适合美国市场?
3. 什么价位适合美国市场?

单元四　产品发布与优化

本单元主要讲述利用速卖通后台发布单品,然后优化产品的定价和重要属性,提高产品排名,获取更多的流量和点击率,进而促进订单的转化。

好的店铺都会在新产品发布时设置准确信息,产品本身的基本信息才是流量的最大来源。

店铺曝光量、转化率无疑是速卖通卖家重点关注的数据指标。转化率跟产品和店铺的访客量有关。产品优化了,就会有访问量,订单量和店铺收益才有机会提高。

▶任务1　产品上传后台操作

学习目标

1. 根据速卖通平台发布规则,完成单个产品的上传操作。
2. 利用 ERP 系统快速完成对产品的批量上传。

学习任务

了解速卖通平台的搜索规则及机制,避免作弊骗取曝光嫌疑,根据速卖通后台规范,正确设置并上传产品信息,最大限度地体现产品的优势,获得消费者的青睐。

任务分析

速卖通平台对产品进行搜索排名的目的,就是帮助买家快速找到需要的产品,提高买家的购物体验。产品排名主要受两个因素的影响,一个是产品与买家搜索的匹配度,另一个是产品的质量得分,包括产品的销量、评价、产品信息填写的完整度等。如何使商品在速卖通平台搜索排名靠前,快速抓住消费者的眼球并获得消费者的青睐?商品的标题、发布类目、属性、图片、详细描述对于买家快速做出购买决策来说都非常重要。

任务准备

1. 移动端信息设备,速卖通 APP 软件。

2. B2C、C2C 平台：速卖通平台 https://www.aliexpress.com/。

知识储备

1. 速卖通的搜索排名规则

在产品上传之前，需要先了解产品的搜索排名规则。速卖通搜索的整体目标是帮助买家快速找到想要的商品，并且能够有比较好的购买体验。而搜索排名就是要将最好的商品、服务能力最好的卖家优先推荐给买家，谁能带给买家最好的购买体验，谁的商品就会排序靠前。

2. 速卖通的搜索排序机制

在排序过程中，速卖通给予表现好的卖家更多的曝光机会，降低表现差的卖家曝光机会，甚至没有曝光机会，优胜劣汰，这便是速卖通的搜索排序机制。

影响速卖通搜索排名的因素很多，概括为以下 5 大类：

（1）商品的信息描述质量。

（2）商品与买家搜索需求的相关性。

（3）商品的交易转化能力。

（4）卖家的服务能力。

（5）搜索作弊的情况。

判定作弊行为共有 11 种，速卖通会通过日常的监控，及时清理作弊的商品。处理手段包括商品的排名靠后、商品不参与排名或者隐藏该商品。作弊行为严重或者屡犯的店铺，一段时间内整体排名会靠后，或者不参与排名，特别严重者，甚至会关闭账号并清退。

产品上传之前，首先需要对店铺的产品有一个总体布局；其次，准备上传所需要的优质标题、清晰的图片和完整的产品描述；最后设置正确的产品信息。

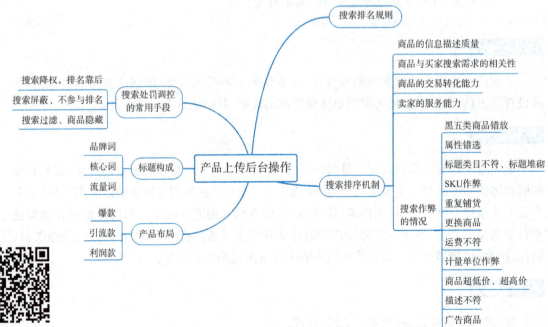

单元四　产品发布与优化

> **任务实施**

第1步：商品发布

发布产品时，首先要选择正确的产品类目。如果类目选错，产品的搜索权重会降低。登录速卖通后台，执行"产品管理"→"发布产品"命令，打开"发布产品"页面，如图4-1-1所示。选择与产品对应的类目，然后单击【我已阅读以下规则，现在发布产品】按钮。

图4-1-1　发布产品

第2步：设置产品基本信息

产品的基本信息是消费者最终决定是否购买的决定性因素。要通过标题、产品属性、产品详情页及产品的分类管理来体现产品的特性，把产品的优势最大限度地体现出来，并获得消费者的青睐，需要卖家在发布产品及管理环节上下功夫。

产品基本信息一般由产品标题、产品属性、产品图片、最小计量单位与销售方式、产品的颜色、产品定价、按"Ship to"区域调价、产品发货期、产品视频、产品详细描述、物流设置、产品有效期等构成。

1. 设置产品标题

产品标题是买家在"Listing"（一个产品页面）中直接搜索产品的关键信息，产品标题在"Listing"中具有举足轻重的作用。好的产品标题，读完之后不需要再看产品的详细描述即可产生购买的想法。优秀、有条理的标题，可以实现产品引入流量的最大化，激发顾客的购买欲望，也能提高产品的曝光量和订单量。

通常来说，真实、准确地描述产品，符合海外顾客的语法习惯，没有错别字和不添加符号，具有这些特点的标题能给产品带来较高的曝光量。

为方便卖家优化自己的产品信息,速卖通平台在后台系统提供了"数据纵横"工具,使用该工具可以非常方便地找到优质关键词。具体步骤如下。

步骤1:登录速卖通后台,点击"数据纵横"→"商家发现"→"搜索词分析",打开"搜索词分析"页面,如图4-3-2所示,有"热搜词""飙升词""零少词"3种搜索方式。

图4-1-2 "搜索词分析"页面

步骤2:设置"热搜词"查询条件。选择行业为"电话和通讯",选择国家为"全球",选择时间为"最近30天",单击【搜索】按钮。

注意:列表里显示的不是可以直接使用的关键词。单击下载按钮 ⬇ 可导出原始数据。

步骤3:排序和筛选原始数据。打开下载的数据表格,由于下载的原始数据不兼容,需要将格式统一转化为数字格式。运用Excel软件的"排序和筛选"工具,筛选表格内所有内容,然后将"搜索人气"和"搜索指数"按降序排列。

步骤4:剔除品牌原词。若没有授权,品牌原词不能被添加到标题。需要运用Excel软件的筛选功能剔除品牌原词,单击"是否品牌原词"所在单元格右按钮 ▼,在弹出的列表中勾选"Y"复选框。

注意:标题中不能存在小语种词语及与产品不相关的词语,其他词语可以根据产品的特点来选取。

步骤5:确定关键词。最后,根据产品目标市场定位(主要卖至哪个国家)、搜索人气、搜索指数、点击率、浏览-支付转换率及竞争指数等各项指标来确定关键词。

2. 产品属性

(1)设置产品属性 产品属性是指产品本身所固有的性质,是产品在不同领域的差异性(不同于其他产品的性质)的集合。也就是说,产品属性是产品性质的集合,是产品差异的集合。

速卖通后台产品属性包括系统推荐属性和自定义属性两种,如图4-1-3所示。产品属性是顾客选择产品的重要依据,带有"*"标记的为必须填写的属性,带有"!"标记的为关键属性。只有详细、准确地填写系统推荐属性和自定义属性,才有可能为产品带来更高的曝光量。

图 4-1-3 产品属性

(2) 设置系统推荐产品属性 通过选品专家来设置系统推荐属性,步骤如下。

步骤1:登录速卖通后台,点击"数据纵横"→"商家发现"→"选品专家",打开"选品专家"页面。

步骤2:单击"热销"选项,在 TOP 热销产品词中依次选择行业为"男女内衣及家居服>男士内衣>平角裤",选择国家为"全球",选择时间为"最近 30 天",单击【Running】按钮,打开"TOP 热销产品词"页面。

步骤3:单击"TOP 热销产品词"所在的圆圈,即打开"TOP 热销属性"页面,如图 4-1-4 所示。

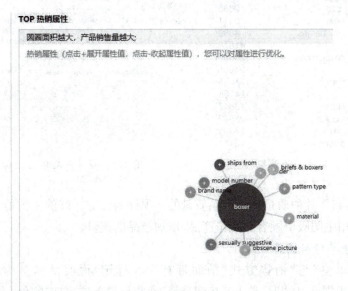

图 4-1-4 "TOP 热销属性"页面

步骤 4：单击右上角的下载按钮⇩，导出热销属的 Excel 表格数据。热销属性一览表如图 4-1-5 所示。下载原始数据后，首先需要把表格数据中“成交指数”所在列的格式转换为数字格式（去掉左上角的小三角图标，小三角图标为系统默认出错的标志）。

步骤 5：利用 Excel 软件中的数据透视表功能筛选数据，筛选后的结果如图 4-1-6 所示。选用较大数值的属性值作为产品属性。

A	B	C	D	E	F	G
行业	国家	商品关键词	属性名	属性值	成交指数	
Z内衣及家居服>男士内衣>平脚裤	全球	boxer	material	cotto	73647	
Z内衣及家居服>男士内衣>平脚裤	全球	boxer	material	spand		
Z内衣及家居服>男士内衣>平脚裤	全球	boxer	material	mod		
Z内衣及家居服>男士内衣>平脚裤	全球	boxer	material	nylo		
Z内衣及家居服>男士内衣>平脚裤	全球	boxer	material	polyes		
Z内衣及家居服>男士内衣>平脚裤	全球	boxer	gender	mer		
Z内衣及家居服>男士内衣>平脚裤	全球	boxer	iefs & boxe	boxer sl		
Z内衣及家居服>男士内衣>平脚裤	全球	boxer	brand name	orlv		
Z内衣及家居服>男士内衣>平脚裤	全球	boxer	brand name	non		
Z内衣及家居服>男士内衣>平脚裤	全球	boxer	brand name	noenname_null	6168	
Z内衣及家居服>男士内衣>平脚裤	全球	boxer	brand name	jockmail	4984	
Z内衣及家居服>男士内衣>平脚裤	全球	boxer	brand name	pink heroes	4880	

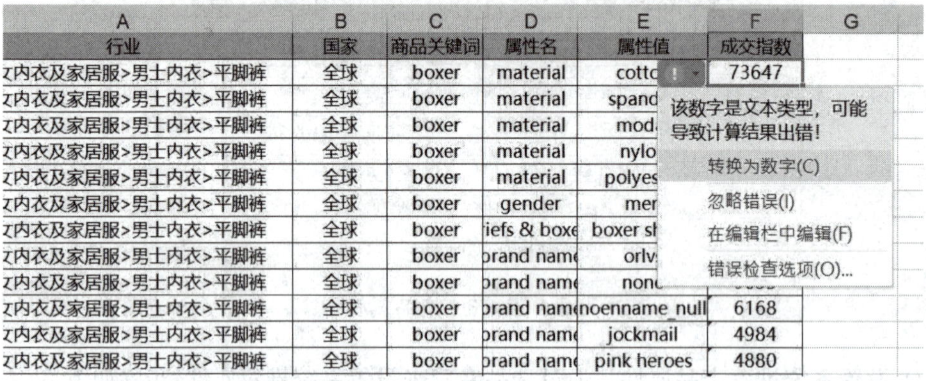

图 4-1-5　热销属性一览表

3. 产品图片

产品图片有两种上传途径，“从我的电脑选择”和“从图片银行选择”，如图 4-1-7 所示。

求和项:成交指数

属性名	属性值	汇总
⊟brand name	jockmail	4984
	noenname_null	6168
	none	9635
	orlvs	15411
	pink heroes	4880
brand name 汇总		41078
⊟briefs & boxers	boxer shorts	124065
briefs & boxers 汇总		124065
⊟gender	men	124065
gender 汇总		124065
⊟material	cotton	73647
	modal	25872
	nylon	17001
	polyester	16421

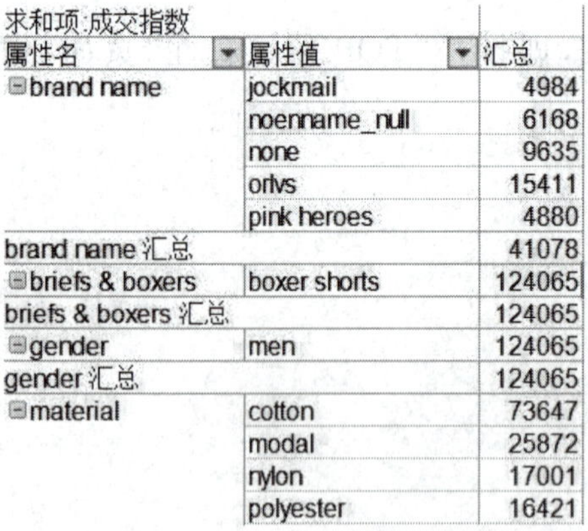

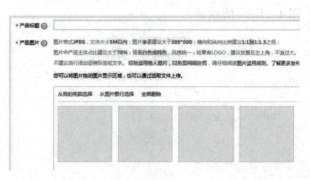

图 4-1-6　筛选后的结果

图 4-1-7　产品图片上传的途径

速卖通平台将图片的质量作为产品质量的一项评判标准。好的主图能突出店铺产品的辨识度，可以利用主图吸引顾客去点击产品，增加产品的流量。

4. 最小计量单位与销售方式

“最小计量单位”与“销售方式”前面带有“＊”标记，说明此信息为必填项目，如图 4-1-8 所示。根据产品情况，单击▼按钮选择，最小计量单位可选择“件/个(pace/paces)”。销售方式有“按件出售”和“打包出售(价格按包计算)”两种。

5. 产品的颜色

如果产品颜色与模板中的颜色相对应,则可以直接勾选颜色模板中的对应色标,否则自定义颜色。在"自定义名称"下面的方框中直接输入颜色的英文名称,再单击【添加文件】按钮,上传产品对应颜色的图片即可,如图4-1-9所示。

图4-1-8　最小计量单位与销售方式

图4-1-9　上传颜色图片文件

6. 产品定价

产品的定价既会影响产品的排序,也会影响产品的点击率,还会影响产品的成交率。需要考虑的因素有产品成本、期望的利润、运费、折扣率、利润率、促销活动的价格空间、同行卖家产品的定价、销售策略等。

注意:

(1) 定价时要考虑期望利润。期望利润不能定得太低,要给促销活动留出价格空间,吸引流量的产品可以适当降低利润空间。

(2) 了解产品的市场行情,参考同行卖家产品的价格。不要盲目和同行打价格战,要在保证利润的基础上定价。

(3) 注意货币单位,速卖通是以美元为单位定价的。

(4) 注意销售方式的选择,是按件出售还是打包出售。产品的销售方式不同,价格也不一样。

7. 按Ship to 区域调价

速卖通平台按Ship to 区域调价有3种方式:直接报价、调整比例和调整金额,可以自由选择,也可以不选择。单击"调价方式"右侧的按钮▼,可以设置不同的调价方式,如图4-1-10所示。

图4-1-10　调价方式页面

8. 产品发货期

产品发货期也是速卖通平台作为评价产品质量好坏的因素。发货周期短,速卖通平台会认为店铺的服务能力强。

注意：超过发货期不发货就会被认为成交不卖，被认为是不良体验订单，对店铺的影响会非常大。

9. 产品视频

是否上传产品视频可以根据店铺的情况选择。上传产品视频可以更加直观地展示产品，产品细节展示得更加立体，可以全方位地展示产品的功能，可以使产品展示通俗易懂。产品视频的展示位置一般在产品详情描述页的顶部。

在上传视频页面，单击【上传视频】按钮，如图4-1-11所示，然后选择需要上传的视频即可。

注意：建议视频时长不要超过4 min，画面长宽比为16∶9，暂不支持WMV、H.264格式的文件。上传的视频需要审核通过后才能展示。

10. 产品详细描述

产品详细描述是要将顾客关注的产品特色、功能、服务、包装及运输等信息通过页面的形式展示出来，主要作用是让顾客全方面了解产品，也是影响买家决定购买的重要因素。精准的产品详细描述能增强顾客的购买欲望，加快顾客下单的速度。

"产品详细描述"页面如图4-1-12所示。页面上方有调整文字风格及排版方式等工具，下方为输入产品详细描述文字信息的窗口。

图4-1-11 "上传视频"页面　　　　图4-1-12 "产品详细描述"页面

在产品描述中，可以补充或再次强调产品的特色信息，如颜色、发货期、尺码、产品面料、材质、产品细节图等。产品详细描述建议放置以下内容：

（1）产品标题（一般置于页面顶端的第一行）。

（2）文案（突出产品特点，描述产品优势，建议采用图文结合的方式）。

（3）产品风格图。

（4）产制图、模特图和细节图。

（5）买家秀图片。

（6）物流说明信息图。

（7）好评截图。

（8）授权证书图、工厂车间图片等。

要合理布局页面中的各个模块，合理展示产品的链接信息。例如，在页面上放置物流说明信息图时，应将物流说明信息图放到产品图片的下方。如果放到产品描述页的最后面，容易让顾客以为进错了页面。

11. 物流设置

影响运费的因素有产品重量、产品体积、产品类型、时效性、收货地址等,卖家可以根据选择的物流公司来设置。在"物流设置"页面中,单击"产品运费模板"右边的按钮 ▼ ,可以自由选择已经设置的运费模板,如图 4-1-13 所示。在速卖通后台页面中,点击"产品管理"→"运费模板"→"管理运费模板",可以在"管理运费模板"页面中操作"新增运费模板"或"编辑"运费模板。

图 4-1-13 "物流设置"页面

12. 产品有效期

速卖通平台的产品有效期可以设置为 14 天和 30 天。一般选择 14 天。因为按照速卖通平台的运营规则,产品快到下架时,曝光量也会增加。速卖通平台给临近下架的产品会增加部分权重,设置 14 天有效期有利于增加产品的曝光量。

第 3 步:使用 ERP 系统快速批量上传产品

下面以"店小秘"为例详细介绍如何使用 ERP 系统快速批量刊登产品。

步骤 1:引用现有产品。可以将店铺现有的产品作为产品模板,整体复制过来,修改部分内容后,作为新产品再次发布,这样就避免了重复信息的输入。也可以将另一个速卖通店铺的产品发布到本店铺,直接引用过来发布,如图 4-1-14 所示。

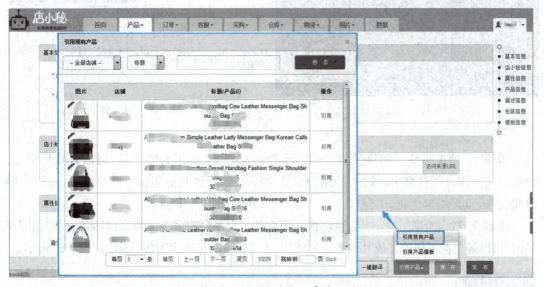

图 4-1-14 引用现有产品

步骤2：创建产品模板。将通用的产品信息创建成"产品模板"，使用模板可避免相同信息的重复输入；支持创建尺码模板，创建产品时统一引用，如图4-1-15、4-1-16所示。

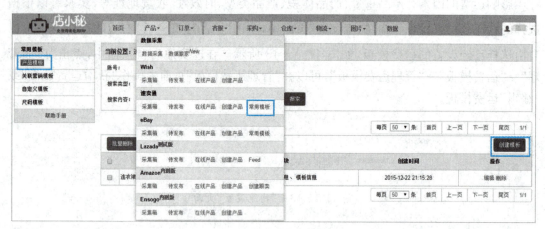

图4-1-15　创建产品模板（一）

步骤3：导入导出产品，多个速卖通店铺之间相互"搬家"产品信息、铺货。将速卖通店铺产品导出为Excel模板，然后将模板导入到其他店铺，完成发布，如图4-1-17所示。

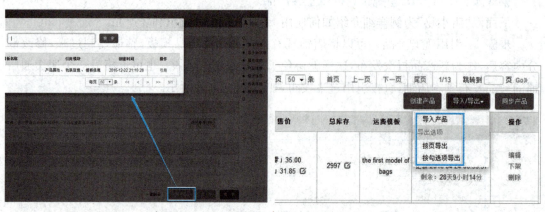

图4-1-16　创建模板（二）　　　　　图4-1-17　导入导出产品

步骤4：数据采集。如果供货商的产品是淘宝、1688等平台的产品，可以直接将标题、价格、库存、图片等信息采集过来，无需人工复制、上传；看到其他店铺里的好产品，可以一键采集过来，重新编辑优化，作为自己的产品上架，如图4-1-18所示。

步骤5：数据搬家。同一"店小秘"账号可管理多个平台的多个店铺，且各店铺销售相同产品时，可以通过搬家快速完成其他平台的铺货，无需每个平台逐个上传，如图4-1-19所示。

任务评价

完成图4-1-20的速卖通单品上传流程图。（每个空格3分，共24分）

单元四 产品发布与优化

图 4-1-18 数据采集

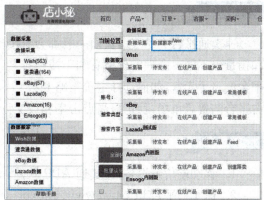

图 4-1-19 数据搬家

图 4-1-20 速卖通单品上传流程图

> 能力拓展

在速卖通平台完成产品"棒球帽"的发布，完善产品的标题、发布类目、产品属性等信息后，在后台完成产品上传操作。使用"店小秘"在货源网站上任选 10 款产品并批量上传。

▶任务2　产品定价

> 学习目标

1. 能根据产品成本的定价公式为产品定价。
2. 学会使用产品的利润率和毛利率定价。

> 学习任务

了解速卖通平台产品的价格构成，学习产品定价的目标和策略，熟悉产品定价的方法和技巧，最终能熟练掌握定价技巧。

4-11

任务分析

速卖通平台产品展示页面一般都会有按价格排名的功能,同样的产品,价格不同其排名和销量也不同。合理的价格有利于搜索排名,提高点击率和成交订单量。那么,作为速卖通平台的新手卖家,如何选择定价策略和技巧,把产品的价格定在最合理的区间,进而迅速抢占平台消费者市场,稳定提高点击率和成交订单量,实现利润最大化呢?

任务准备

1. 移动端信息设备,速卖通 APP 软件。
2. 速卖通平台 https://www.aliexpress.com/。

知识储备

产品价格的构成要素包括产品成本、运费、利润、平台佣金、中差评纠纷赔偿费、促销成本。首先需要制定定价目标、策略,学会使用定价公式,掌握定价技巧,最后利用产品的毛利率和利润率定价。

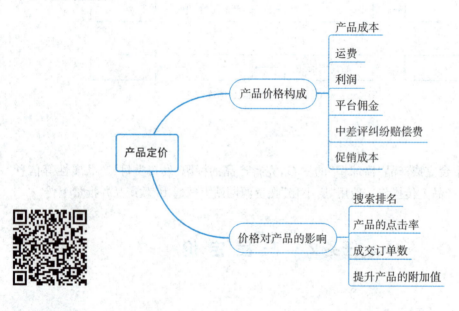

任务实施

第1步:定价目标、策略和定价公式

1. 定价目标

(1) 获得理想利润　制定合理的价格,理所当然是为了获得理想的利润。

(2) 提高市场占有率　用较低的产品价格切入市场,有利于提高市场的份额。

(3) 稳定价格　当产品处于成熟期和稳定期时,稳定价格不仅是获得利润的保障,还有利于提升产品品牌的影响力。

(4) 防止竞争　当产品具有专利产权、其他人不易抄袭的特征时,可以适当提高价格;如果产品没有很高的科技含量,为了防止竞争,可以适当降低价格。

(5) 保持所有产品定价形式的统一性　例如,当价格为整数时,所有产品的价格最好都为整数;如果以"9"为末位产品价格,所有的产品价格最后一位都为"9"。这有利于提升店铺的整体形象。

2. 定价策略

(1) 预留推广、活动、赔付的费用(注意 90 天均价)。

(2) 注意价格排序规则,如价格从高到低和从低到高的排序。

(3) 灵活运用批发价和运费模板功能。批发价的折扣适当降低一些,比如买 2 件可以便宜多少等,以量换取更多的利润。通过运费模板,合理设置运费,节约成本,增加利润。

(4) 多种价格并行。有时店铺为了推动流量,会将某种产品设置为亏本价;有时为了提高整体销售金额,会设置保本价。多种价格并行政策会让店铺更有竞争力。

3. 定价公式

开通速卖通所涉及的费用包括产品成本、头程费用、国际运费、海关报关费、平台交易费、营销推广费用(如促销成本、直通车推广费用和联盟营销推广费用)以及银行卡提现手续费。

定价公式:

$$价格 = \frac{成本}{汇率 \times (1-平台费率) \times (1-联盟佣金) \times 打折数 \times (1-利润率)}$$

$$= \frac{(产品单价 \times 数量 + 国内运费 + 国际运费 + 清关税)}{汇率 \times (1-平台费率) \times (1-联盟佣金) \times 打折数 \times (1-利润率)}$$

实例　宝贝成本 30 元(包含国内运费),包装后重量为 0.35 kg,到俄罗斯运费价格为 96.3 元/kg,美元汇率为 6.2,利润率为 20%,平台佣金为 5%,如果打九折出售产品的定价是多少?

把常数代入公式得:

$$价格 = \frac{30 + 96.3 \times 0.35}{6.2 \times (1-5\%) \times (1-5\%) \times 90\% \times (1-20\%)} \approx 15.8。$$

第 2 步:定价方法和技巧

1. 定价方法

在店铺运营过程中,可以第二种方法为主,再配合定价技巧来定价。例如,有些产品可以战略性亏损,有些产品可以战略性盈利等。

(1) 成本加成定价法(cost plus pricing)　先计算产品成本、平台佣金、推广费、运费等成本之和,再加上想要的利润金额。

(2) 竞争导向定价法(competition based pricing)　先了解同行、业竞争对手的定价,再制定比该价格略低的定价,这样能快速占有市场。

(3) 消费者导向定价法(consumer based pricing) 根据消费者的价格意向定价。例如,原本定价 50 元的产品,但消费者更想购买 30 元的该类产品。这就需要对产品进行技术性改革,降低生产成本来满足消费者的期望。这是逆向思维,即通过消费者的期望来决定产品的价格,甚至是产品的形式。

2. 定价技巧

在店铺运营过程中,定价技巧往往与营销策略配合。通常采用的定价技巧如下。

(1) 弧形数字法 带有弧形线条的数字易被人们接受。国外市场调查发现,在生意兴隆的超级市场中,商品定价时所用的数字,按其使用的频率排序,依次是 5、8、0、3、6、9、2、4、7、1,这是顾客消费心理的作用。带有弧形线条的数字,如 5、8、0、3、6 等似乎易为顾客接受;而不带有弧形线条的数字,如 1、7、4 等就不大受欢迎。所以,在商品销售价格中,8、5 等数字最常出现,而 1、4、7 出现次数少得多。

(2) 尾数定价策略 尾数定价策略是指在确定零售价格时,利用消费者求廉的心理,制定非整数价格,以零头结尾,使用户在心理上有一种便宜的感觉;或者是价格尾数取吉利数,激起消费者的购买欲望,促进商品销售。例如,如果产品定价为 29.99 元,在顾客的心里觉得不到 30 元,如果产品定价为 30.34 元,顾客会觉得超过了 30 元。其实,这中间只差 0.35 元。

(3) 与促销活动配合的定价策略

① 低价法:某款产品定价很低,主要是为了带动店铺流量,如 10 元特价商品。

② 高价法:对于高品质的商品一般采用高价法,突出商品优质的特性。这种方法通常可以通过增值服务来吸引买家。

③ 同价法:价格差不多的商品采用统一价格的方法,比如 5 元店、10 元店。

④ 捆绑价格法:例如,杯子和勺子捆绑在一起定价。一般而言,捆绑价格需要比单独售卖的价格之和低,才能吸引顾客。

⑤ 折扣价:为产品制定打折价,以此来刺激顾客的购买欲望。

(4) 按商品颜色区别定价 例如,同一款手机,不同的颜色价格不一样。

(5) 隐性涨价法 随着产品成本的提高,为了保证利润,不得不提高产品的价格。如果涨价不明显,对销量一般不会产生影响。

第 3 步:使用利润率和毛利率定价

这里涉及成本、利润率、利润、毛利率、售价等变量。

设成本为 a,利润率为 x,因为利润率 $=\dfrac{利润}{成本}$,所以

利润 = 成本 × 利润率 = ax;

售价 = 成本 + 利润 = $a + ax = a(1+x)$;

毛利率 $=\dfrac{利润}{售价}= ax/a(1+x) = \dfrac{x}{1+x}$。

这样就得到了利润率与毛利率之间的关系,与直接成本无关,如图 4-2-1 所示。

单元四　产品发布与优化

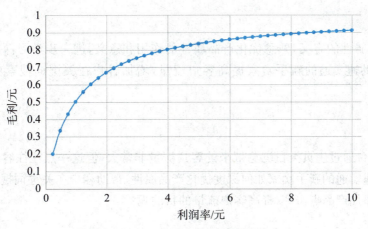

图 4-2-1　利润率与毛利率的关系

实例　一个苹果进价 10 元,加价 5 元来卖,售价就是 15 元。

(1) 现在苹果的利润是成本价的一半,毛利率就是 33.33%。

(2) 如果苹果的利润等于成本价,也就是 10 元的进价,加了 10 元卖出,售价是 20 元,毛利率就是 50%。

(3) 如果苹果加 20 元售出,就是在成本的基础上翻了 1 倍,那么毛利率就是 66.67%。

任务评价

一双鞋重量 1.3 kg,进货价 56 元,运费单价 98 元/公斤,折扣 0.78,海关报关费 8 元,汇率 5.9,利润率 17%,平台费率 5%,活动折扣 40%,请利用尾数定价法为产品定价。(10 分)

能力拓展

思考:在速卖通平台上,产品"棒球帽"的新手卖家选择哪种定价策略和定价技巧,把产品的价格定在哪一个最合理的区间,才能迅速抢占平台消费市场,稳定提高点击率和成交订单量,实现利润最大化。

任务 3　深度优化产品属性

学习目标

1. 掌握产品属性优化的方法。
2. 能够通过优化产品属性,有效提高客户流量。

学习任务

了解产品属性的定义,熟悉优化产品属性的作用和意义,进一步学习深度优化产品属性的技巧,帮助速卖通的新手卖家提高客户流量,增加客户在关键词搜索中找到产品的概率。

任务分析

速买通平台通过主页类目浏览带来的客户流量非常大,但这一点往往容易被新手卖家忽视。那么,速卖通的新手卖家如何深度优化产品属性,帮助客户在关键词搜索中准确找到本产品,达到增加产品点击率、提高客户流量的目的呢?

任务准备

1. 移动端信息设备,速卖通 APP 软件。
2. 速卖通平台 https://www.aliexpress.com/。

任务实施

第1步:产品属性

在速卖通的平台上,产品属性特指产品刊登时需要填写的与产品相关的基本信息。产品属性的展示位置如图 4-3-1 所示。

第2步:优化产品属性

优化产品属性的目的是方便客户通过"类目浏览"快速找到产品。客户找到卖家产品的方法有两种:关键词搜索和类目浏览。通过主页类目浏览带来的客户流量非常大,但这一点往往被新手卖家忽视。优化产品属性的作用如下。

(1)增加流量 设置合理、完整的产品类别和产品属性,是增加类目浏览有效流量的关键。

(2)增加客户找到产品的概率 在关键词搜索结果中,还可以通过"产品属性"筛选,帮助客户快速找到想要的产品。"产品类别"和"产品属性"搜索页面如图 4-3-2、4-3-3 所示。

(3)有利于直通车推广评分和平台活动报名 直通车的推广收费和效果,取决于直通车推广评分和卖家对关键词的出价。设置完善的产品属性,可以提高直通车的推广评分,节省直通车的点击费用,改善推广效果。

第3步:深度优化产品属性

刊登产品属性信息前,尽可能全面地搜索、整理产品相关资料。从产品本身着手,通过热搜词增加曝光量。例如,在速卖通主页,搜索"socks",按"Orders"排序,在 463 141 个搜索结果中,排在前面的都是卖得很好的产品,订单数量远远大于评价数量,如图 4-3-4 所示。表明市场需求猛烈,市场需求呈上涨趋势。

单元四　产品发布与优化

图4-3-1　产品属性的展示位置

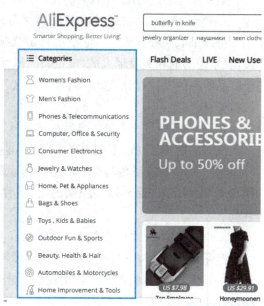

图4-3-2　"产品类别"页面

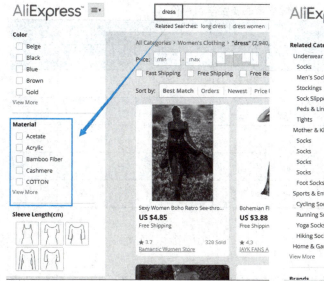

图4-3-3　"产品属性"搜索页面

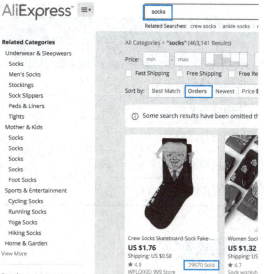

图4-3-4　产品搜索页面

　　填写完整的系统推荐属性。充分利用自定义属性功能，提高信息的完整度。速卖通系统平台的基本要求是：产品所在类目下优质商品的属性填写率为78%，建议卖家商品属性填写率尽量达到100%。

　　使用数据分析工具，尽量添加热销、热搜属性。

第4步：避免优化产品属性时的常见问题

1. 系统推荐属性中没有合适的属性怎么办？

可以采取两种方法：一是使用自定义属性功能，添加个性化的属性；二是通过专用链接，联系速卖通相关管理人员，申报新的属性。操作步骤："产品属性"→"点此提交"，选择申报产品所在的类目，然后选中"属性项缺失"单选项，按要求填写相关信息，最后单击【申报】按钮即可。

2. 没有品牌的产品如何填写品牌属性？

没有品牌的产品，不要在"品牌"一栏留空，可以填写"N/A"（not applicable）或者"other"。建议在这里填写竞争产品的热搜属性，能够提高被搜索的概率。这种办法同样适用没有"型号"的产品。需要强调的是，受注册保护的品牌名称或型号，不能作为商品的属性词。

3. 写不下的关键词放在什么位置最容易被搜索到？

产品标题有128个字符的限制。除标题以外，可被搜索到的还有产品属性、产品详情描述等。其中，产品属性的搜索权重较高。建议把更多重要的关键词填写在产品属性中。

任务评价

根据表4-3-1的项目进行评价。

表4-3-1 深度优化产品属性学习评价

评价项目	自我评价(25分)		小组互评(25)		教师评价(25)		企业评价(25)	
	分值	评分	分值	评分	分值	评分	分值	评分
正确选择产品类别	5		5		5		5	
正确填写品牌	5		5		5		5	
正确填写尺码	5		5		5		5	
正确填写颜色	5		5		5		5	
直通车推广评分5星	5		5		5		5	

能力拓展

在速卖通平台上，产品"棒球帽"新手卖家在上传产品的时候，除了填写平台要求的必填属性之外，还可以设置10个自定义属性。完成10个自定义属性的设置，进而深度优化产品属性，帮助客户在关键词搜索中准确找到本产品，达到增加产品点击率、提高客户流量的目的。

知识链接

提升产品曝光量的途径如图4-3-5所示。从产品本身着手，通过热搜词增加曝光量；

布局海外仓,增加店铺商品在同行业商品中的竞争力;利用平台资源进行促销活动;通过站外引流。

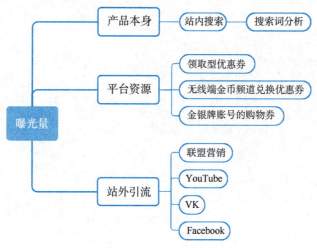

图 4-3-5 提升产品曝光量的途径

单元五 营销推广

本单元主要讲述速卖通的自主营销工具：单品折扣活动、满减优惠、店铺优惠券，以及直通车推广。

推广宣传是网店兴衰、成败的关键。流量是店铺的生命线，没有大的流量，就很难提高销量。速卖通卖家需要掌握站内引流推广的技巧，最大限度地利用站内资源，为商品增加曝光度，传播品牌价值和信誉度，让店铺脱颖而出。卖家可使用速卖通平台的4大营销工具：单品折扣活动、满减优惠、店铺优惠券，对店铺进行自主营销，也可以通过直通车来配合店铺的运营策略，有针对性地对产品进行营销推广。

▶任务1 单品折扣活动设置

学习目标

1. 掌握速卖通平台中店铺营销推广活动的相关规则。
2. 学会单品折扣活动设置的操作技巧。
3. 掌握单品折扣活动的推广方法。

学习任务

了解速卖通平台店铺营销推广活动的相关规则及机制；通过设置单品折扣活动的产品信息，掌握单品折扣活动的推广方法，培养店铺营销推广的技能。

任务分析

在充分了解速卖通平台店铺营销推广活动的相关规则的前提下，在一定时间段内对某特定产品打折，通过规范、正确的设置单品折扣，吸引消费者的眼球，推出新品、降低库存、打造爆款，提升购买率和成交订单量。

任务准备

1. 移动端信息设备，速卖通APP软件。

2. 速卖通平台 https://www.aliexpress.com/。

> **知识储备**

单品折扣活动是单品级打折优惠,使用原全店铺打折、店铺限时限量工具,结合升级工具,展开店铺自主营销。

单品的打折信息在搜索、详情、购物车等买家路径中展示,提高买家购买转化并快速出单。具体活动规则如下。

(1) 取消每月限制的活动时长和活动次数,单场活动最长支持设置 180 天。

(2) 允许活动中暂停(适用于活动设置错误快速止损)。

(3) 活动中允许操作新增、退出商品(无需暂停活动即可操作),以及编辑折扣,且实时生效。

(4) 取消锁定商品编辑以及运费模板,编辑后可实时同步到买家前台(仅针对单品折扣活动的商品生效)。

(5) 单场活动最多设置 10 万个商品。

(6) 取消活动复制功能,可通过 Excel 表格批量上传(设置攻略详见后述)。

(7) 支持单个商品设置粉丝、新人专享价。

> **任务实施**

第 1 步:进入"店铺活动页面"

登录商家后台,点击"营销活动"→"店铺活动"→"单品折扣活动",如图 5-1-1 所示。

第 2 步:设置活动基本信息

点击"创建活动",进入活动基本信息设置页面,点击【提交】后进入设置优惠信息页面,如图 5-1-2 所示。

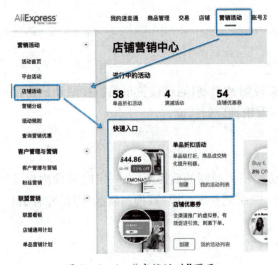

图 5-1-1 "店铺活动"页面

图 5-1-2 "设置优惠信息"页面

注意:
(1) 活动名称最长不超过 32 个字符,只供查看,不在买家端展示。
(2) 活动起止时间为美国太平洋时间。
(3) 最长支持设置 180 天的活动,且取消每月活动时长及次数的限制。
(4) 活动设置的时间开始后,活动即时生效(如在设置过程中已到活动展示时间,则活动即开始)。

第 3 步:活动优惠信息设置

可筛选全部已选商品和未设置优惠的商品,支持商品 ID 搜索,如图 5-1-3 所示。

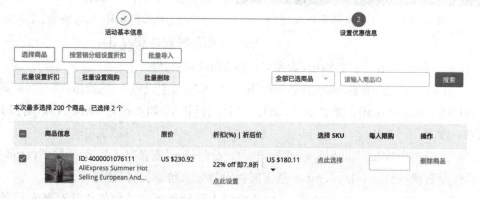

图 5-1-3 活动优惠信息设置

第 4 步:批量设置折扣、限购、删除

步骤 1:批量折扣设置,如图 5-1-4 所示。

步骤 2:按照营销分组设置折扣,分组内的商品会被导入至活动内,如图 5-1-5 所示。

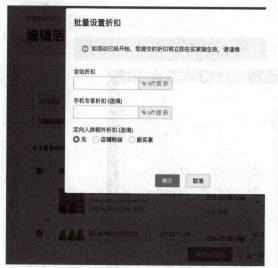

图 5-1-4 批量折扣设置

图 5-1-5 按照营销分组设置折扣

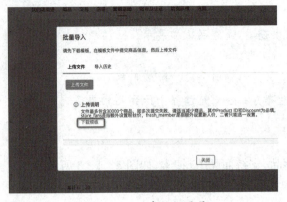

图 5-1-6 用表格批量导入

注意：目前设置 APP 端折扣不具备引流功能，因此营销分组设置折扣时取消了设置 APP 端折扣的功能。如需设置 APP 端折扣，可回到单品选择页面设置。

如只设置全站折扣，即 PC 端和 APP 端均展示同一个折扣。

步骤 3：通过表格形式批量导入。需下载模板，如图 5-1-6 所示。模板填写要求如下。

（1）Product ID　必填项，卖家可以在商品管理处获取 ID。

（2）Product Title　非必填项，卖家可以复制商品的标题。

（3）Discount　必填项，填写商品折扣率，比如卖家希望设置 10% 折扣，填写"10"即可。

（4）Mobile Discount　非必填项，填写 APP 端折扣率，如不设置，默认 APP 端和 PC 端折扣率一致。

（5）Target People　非必填项，此处填写"store_fans"或者"fresh_member"，store_fans 是指额外设置粉丝价，fresh_member 是指额外设置新人价，两者只能选一设置。

（6）Extra Discount　非必填项，指的是定向人群额外折扣。比如要针对新人设置额外折扣 1%，可以在此处写"1"，在第五列填写 fresh_member。

（7）Limit Buy Per Customer　非必填项，为每个买家限购数量。设置每个买家限购 2 件，输入"2"即可。

注意：文件最多包含 30 000 个商品。如多次提交失败，应适当减少商品。表格不要带有空格，不要随意调整表格格式。

第 5 步：查看错误报告

在"导入历史"中查看错误报告，如图 5-1-7 所示。

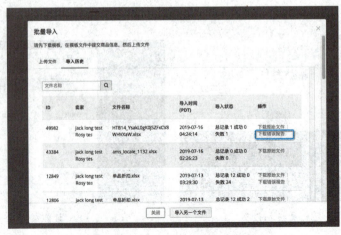

图 5-1-7 下载错误报告页面

第6步：设置专享价

支持单个商品设置粉丝、新人专享价；不支持部分 SKU 参加活动。不参加的 SKU，须修改商品普通库存数为 0。点击【保存并返回】即创建完成活动，等活动开始后即时生效，如图 5-1-8 所示。

注意：同一个商品只能参与同个时间段内一场单品折扣活动，可同时参加同个时间段的平台活动。平台活动等级优先于单品折扣，因此平台活动折扣会生效。

第7步：单品折扣活动状态

如图 5-1-9 所示，活动状态分为未开始、生效中、暂停活动、已暂停、已结束。

图 5-1-8 "选择参与活动的 SKU"页面　　图 5-1-9 单品折扣活动状态

未开始状态会展示倒计时，可查看编辑（进入活动基本信息页）、管理商品（进入优惠信息编辑）、暂停活动。生效中状态可查看活动详情、管理商品、暂停活动。暂停活动适用于快速止损整个活动，如对单品可直接修改。已暂停状态可重新生效活动、查看活动详情。已结束状态可查看活动详情。

平台活动等级优先于单品折扣。如果同一商品设置了单品折扣活动并同时报名平台活动，则平台活动生效。

为了方便商家管理单品折扣活动，平台支持一个商品设置在多个分组内。例如，可以设置 40% 折扣分组日常使用，再设置一个 50% 折扣分组供大促使用。但是需要注意的是，如果同一商品在不同分组添加至同一个活动，则按照后添加的分组设置的折扣生效。报名单品折扣活动的商品可以编辑，并且会立即生效，但大促类的单品折扣活动则不可编辑。另外，所有店铺类的营销工具（单品折扣、优惠券、店铺互动、满减）均取消了每月时长和次数限制。

平台取消了复制功能，但可以通过"导出商品和折扣信息"下载导出文件后，再通过"批量导入"的方式来实现复制功能，如图 5-1-10 所示。请注意，导出过程中不要关闭该窗口，需耐心等候。

图 5-1-10 "导出商品和折扣信息"页面

任务评价

根据所学知识,补全图 5-1-11 的单品折扣活动设置流程图。(每空格为 3 分,共计 21 分)

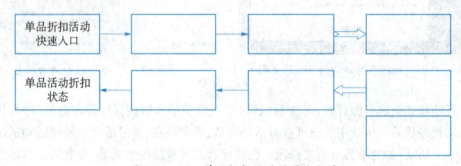

图 5-1-11 单品折扣活动设置流程图

能力拓展

分组完成以下任务:每组 3 名同学,配合完成选择活动产品、活动时间、产品折扣率、产品库存、限购产品数量等活动,创建设置一个"7 天新款推荐"单品折扣活动。

任务 2　满减优惠活动设置

学习目标

1. 掌握速卖通平台的店铺营销推广活动相关规则。

单元五 营销推广

2. 学会满减优惠活动设置的操作技巧。
3. 学会店铺营销推广的技能，掌握满减优惠活动的推广方法。

学习任务

了解速卖通平台店铺营销推广活动的相关规则及机制，学会店铺营销推广的技能，掌握满减优惠活动信息设置方法及满减优惠活动的推广方法。

任务分析

速卖通平台的新手卖家如何能够迅速出手新品，刺激买家多买，让买家对原本可买可不买的商品下单，提升销售额，拉高客单价？可以考虑通过规范、正确设置满减优惠活动，提升销售额。

任务准备

1. 移动端信息设备，速卖通 APP 软件。
2. 速卖通平台 https://www.aliexpress.com/。

任务实施

满减优惠活动是一款店铺自主营销工具，只要开通速卖通店铺，即可免费使用。卖家可以根据自身经营状况，对店铺设置"满 X 元优惠 Y 元"的促销规则，即订单总额满足 X 元，买家付款时则可享受 Y 元优惠扣减。

提示：满件折、满立减的优惠与其他店铺活动优惠可叠加使用。对于已经参加折扣活动的商品，买家购买时以折扣后的价格计入满件折、满立减规则中。所以，同时使用打折工具和满件折、满立减工具时，一定要事先计算利润。

1. 满立减

步骤 1：创建活动。登录"我的速卖通"，点击"营销活动"，在"店铺活动"选择"满减优惠"，点击【创建活动】，如图 5-2-1 所示。

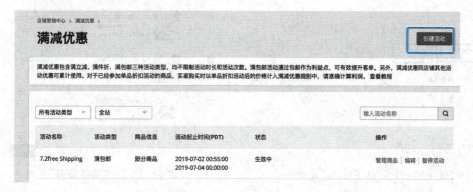

图 5-2-1 创建满减活动

步骤2：填写活动基本信息，如图5-2-2所示。在"活动名称"一栏内填写对应的活动名称，买家端看不到。在"活动开始时间"以及"活动结束时间"内设置活动开始时间以及活动结束时间。活动时间下方，可查看不同时区的时间，便于商家国家差异化运营。

步骤3：设置"满减条件"，如图5-2-3所示。

（1）只设置一个条件梯度，则系统默认是单层满减，在"条件梯度1"的前提下，可以支持优惠累加功能（当促销规则为满100减10时，则满200减20、满300减30，依此类推，上不封顶）。

（2）最多可以设置3个梯度的满立减优惠条件。多个条件梯度需要满足，即后一梯度订单金额必须大于前一梯度的订单金额，后一梯度的优惠力度必须大于等于前一梯度。

图5-2-2 编辑活动基本信息

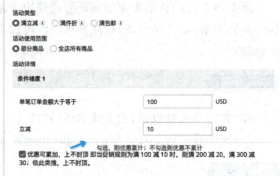

图5-2-3 设置满减条件

步骤4：针对商品满立减活动，通过"选择商品"或者"批量导入"点选商品，如图5-2-4所示。

步骤5：选择商品。每次最多可选择100商品，选择次数不限；最多导入10 000个商品。选择商品页面，如图5-2-5所示。

图5-2-4 "批量导入"页面　　　　　图5-2-5 "选择商品"页面

步骤 6：批量导入。通过 Excel 导入商品，一次最多可以导入 10 000 种商品。先下载模版，在模板文件中提交商品信息，然后上传文件，如图 5-2-6 所示。

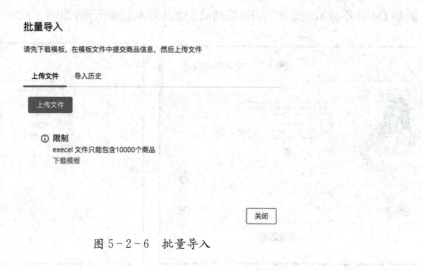

图 5-2-6 批量导入

2. 满件折

满件折是一款店铺自主营销工具，只要开通速卖通店铺，即可免费使用。卖家可以根据自身经营状况，设置"满 X 件优惠 Y 折"的促销规则，即订单总商品满足 X 件数，买家付款时享 Y 折优惠，卖家无需修改价格。

提示：满件的优惠与其他店铺优惠活动可以叠加。已经参加折扣活动的商品，买家购买时以折扣后的价格计入满件折规则中。所以，同时使用打折工具和满件折工具时，一定要事先计算利润。

注意：同一个活动时间内同一商品（活动开始时间到活动结束时间）只能设置一个满立减活动（含全店铺满立减、商品满立减），或者一个满件折活动（含全店铺满件折、商品满件折）。

3. 满包邮

满包邮是通过包邮提升客单量。根据自身经营状况，设置"满 N 元/件包邮"的促销规则。买家订单总商品超过了卖家设置的 N 元，买家付款时，在指定的地区范围内，系统会自动减免邮费。

注意：订单金额包含商品价格，不包含运费。

4. 活动状态

活动状态分为未开始、生效中、已暂停、已结束。活动在未开始、生效中状态下，可暂停活动，可编辑活动、管理商品。编辑之后根据活动时间即时生效。活动在已结束状态，可点击"查看详情"回览活动详情。

5. 活动规则

（1）设置规则　同一展示时间内，针对同一个商品，仅支持设置一种包邮活动。例如，1 月 10 日～1 月 11 日，可同时设置针对西班牙、美国，满 US $100 免 VIA 中国邮政小包邮费。

（2）展示规则　单个商品已经设置某种物流方式的包邮时，不传递营销包邮活动。例如，A、B、C 商品，设置针对美国参与满 500 美元 UPS 包邮，A 商品单个参与邮政小包包邮，A 商品 Detail 不显示包邮活动，B、C 商品 Detail 显示包邮活动，如图 5-2-7～5-2-9 所示。

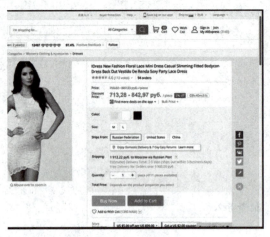

图 5-2-7　Detail 展示　　　　　　图 5-2-8　购物车展示 1

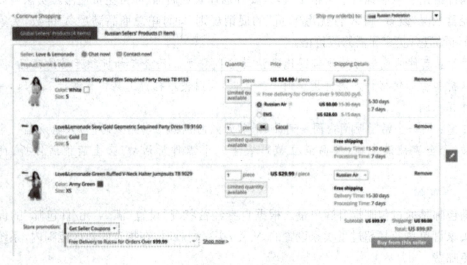

图 5-2-9　购物车展示 2

任务评价

根据所学知识，补全图 5-2-10 的满减优惠活动设置流程图。（每空格为 3 分，共计 15 分）

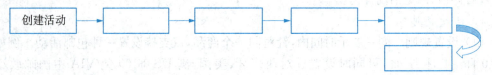

图 5-2-1　满减优惠活动设置流程图

单元五 营销推广

能力拓展

分组完成以下任务：每组 5 名同学，配合完成选择活动产品、产品管理、活动时间、产品库存、减免条件（多梯度减免）、产品数量、促销规则等活动内容创建，设置一个"10 天新款推荐"满减优惠活动。

任务 3　店铺优惠券设置

学习目标

1. 了解速卖通平台店铺营销推广活动的相关规则。
2. 掌握店铺优惠券设置的操作技巧。
3. 学会店铺营销推广的技能，掌握店铺优惠券活动的推广方法。

学习任务

了解速卖通平台店铺营销推广活动的相关规则及机制；通过设置店铺优惠券，学会店铺营销推广的技能，掌握店铺优惠券活动的推广方法。

任务分析

速卖通平台的新手卖家如何能够迅速卖出产品，刺激买家多买，让买家对原本可买可不买的商品下单，但同时又想提高优惠的灵活度（比如设置各种小额的优惠或减免），增加二次营销的机会，避免流失客户，提升销售额，拉高客单价？可以考虑通过规范、正确设置店铺优惠券活动，达到提升销售额的目的。

任务准备

1. 移动端信息设备，速卖通 APP 软件。
2. 速卖通平台 https://www.aliexpress.com/。

任务实施

店铺级优惠卡券用于店铺自主营销。可以通过多种渠道推广，设置优惠金额和使用门槛，刺激转化，提高客单量。卖家常用的优惠券有领取型、定向发放型、互动型 3 种。

一、领取型优惠券

领取型优惠券可在各种渠道发放，用户获取后到店购买使用，是引流、转化、拉新的有效手段。

步骤 1：登录"我的速卖通"，点击"营销活动"，在"店铺活动"选择"店铺优惠券"，点击

【创建活动】，如图 5-3-1 所示。

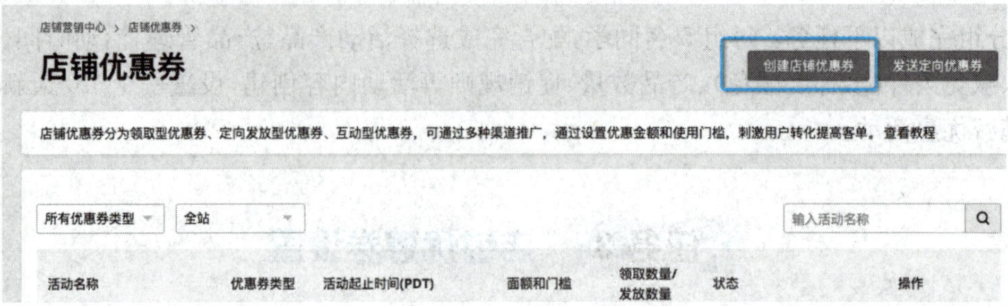

图 5-3-1 创建活动

步骤 2：填写活动的基本信息，如图 5-3-2 所示。在优惠券类型一栏，选择"领取型"。在"活动名称"一栏内填写对应的活动名称，买家端不可见；在"活动开始时间"以及"活动结束时间"内设置活动对应的开始时间以及活动结束时间；活动时间默认为太平洋时间，同时可查看不同时区的时间，便于商家针对不同国家差异化运营。

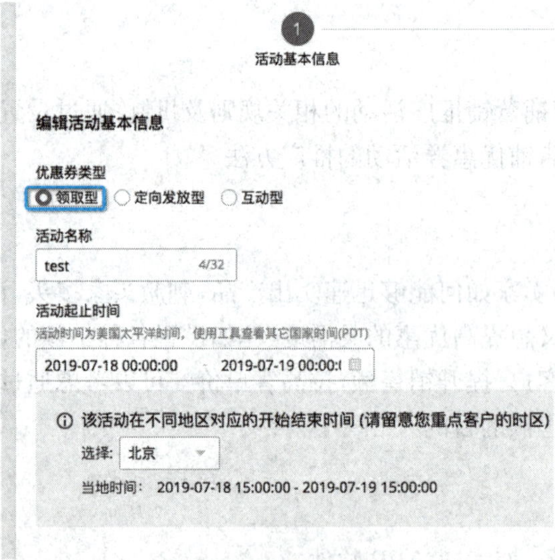

图 5-3-2 活动基本信息页面

步骤 3：设置优惠券详情，如图 5-3-3 所示。

（1）用户和商品使用范围

① 可以根据不同会员等级设置优惠券。只有对应等级及以上的买家才可以看到，如设置铂金等级的，那么铂金和钻石的买家可见，金牌和银牌的买家不可见。

② 优惠券使用范围可以选择全店商品，也可以圈选部分商品。

（2）优惠券面额和门槛设置

① 面额：即优惠券的优惠金额。若优惠券为满 X 美金优惠 Y 美金，这里的面额指的是 Y。

② 使用条件：可设置为"不限"（订单金额满优惠券面额+0.01）；有最低金额门槛，满 X

美金优惠 Y 美金,这里的最低金额门槛指 X。发放总数可任意设置。

步骤 4:设置优惠券使用规则,如图 5-3-4 所示。包括设置每人限用数量、使用时间、有效天数(指有效期,即买家拿到手后多少天可以使用),也可以设置指定有效期,即优惠券只能在设置的使用时间内使用,其他时间不可使用。

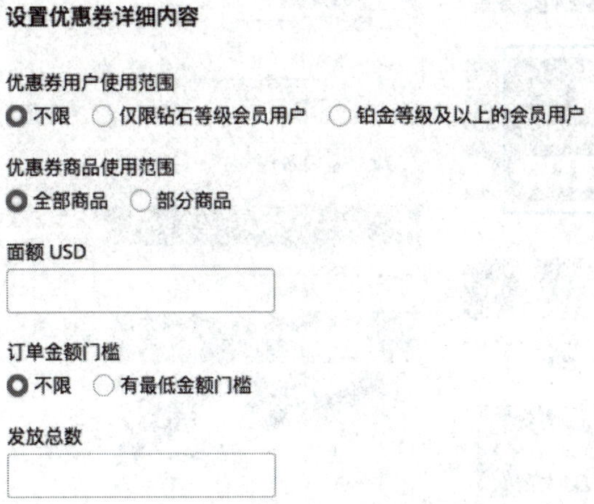

图 5-3-3　设置优惠券详情 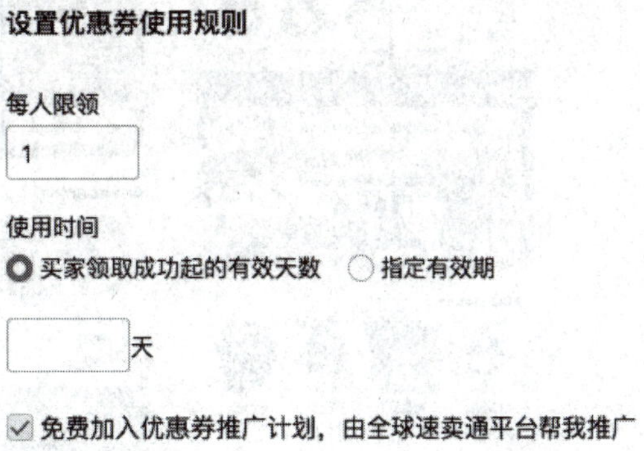　　　图 5-3-4　设置优惠券规则

步骤 5:点击提交,完成设置。

二、定向发放型优惠券

针对指定用户发放优惠券,凡是与店铺有过交易、加过商品到购物车或者 Wish List 的买家都可作为定向发放对象,用于人群定向营销。只需创建"优惠券活动"→选择"发放对象"→点击"发放"3 步操作,便可利用优惠券实现新老买家的主动激活与维护。定向发放型优惠券分为直接发放和二维码发放两种。

(1)直接发放　由卖家直接触发给予客户。建议卖家配合客户营销邮件一起给予买家优惠券营销,刺激买家下单。

(2)二维码发放　给予买家的是二维码。建议卖家搭配在发送给客户的包裹中,买家扫码领取卖家优惠券。

三、互动型优惠券

分为金币兑换、秒抢、聚人气 3 种类型优惠券。

1. 金币兑换型优惠券

金币兑换优惠券用于速卖通 APP 的金币频道。速卖通无线金币频道是目前手机 APP 上高流量、高黏度频道,包括各类游戏玩法和红包优惠,吸引全球买家回访和转化。作为一个大流量的营销平台,卖家可以通过店铺 Coupon,或者报名参加金币兑换商品活动,通过金币频道吸引更多高黏度的买家。

用户在金币频道,通过签到或游戏获取金币,用金币来兑换相应的权益,例如店铺优惠券。一般设置金币兑换优惠券,有机会参与金币频道活动。

金币兑换优惠券买家端展示位置,如图5-3-5所示。

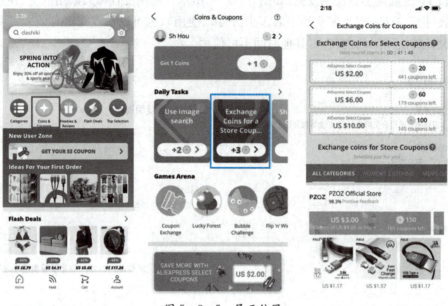

图5-3-5 展示位置

2. 秒抢型优惠券

通过无门槛的大额店铺优惠券吸引买家到店,可有效提高买家的活跃度。秒抢优惠券是平台发起、商家参与的活动,该类活动不会主动在店铺中呈现,会在平台活动中不定时曝光。

3. 聚人气优惠券

通过买家人传人的形式快速给店铺带来新流量,买家分享、邀请其他买家帮其领取,即可获得此店铺优惠券。聚人气优惠券是平台发起、商家参与的活动,因此该类活动不会主动在店铺中呈现,会在平台活动中不定时曝光。

注意:聚人气优惠券商品使用范围为全部商品;优惠券订金门槛使用条件不限,即优惠券的门槛金额为面额+0.01。

不论是聚人气还是秒抢店铺优惠券,和已有的领取型店铺优惠券和定向发放优惠券同时发放,买家可以同时领取多张,但是在一次下单时只能使用其中的一张。卖家需合理计算店铺利润,才能获得好的流量和转化效果。

任务评价

店铺优惠券分为哪几种类型?互动型优惠券分为哪几种类型?(10分)

能力拓展

分组完成以下任务:每组5名同学,配合完成产品管理、活动时间、优惠券活动类型、产品库存、减免条件、产品数量、优惠券有效期等活动内容创建,设置一个"10天新款推荐"店铺优惠券活动。

单元五 营销推广

任务 4　直通车运营推广

学习目标

1. 了解速卖通平台店铺营销推广活动的相关规则。
2. 学会直通车快捷推广计划与重点推广计划的操作技巧,能够建立自己的直通车推广计划。
3. 能够利用直通车进行数据分析和优化产品。
4. 掌握站内付费推广能力。
5. 掌握数据分析能力。

学习任务

了解速卖通平台店铺营销推广活动的相关规则及机制;实操设置直通车运营推广活动,掌握直通车快捷推广计划与重点推广计划的操作技巧;建立自己的直通车推广计划,并能够利用直通车进行数据分析和优化产品,培养店铺营销推广的技能技巧。

任务分析

速卖通平台的新手卖家该如何打造爆款、测试新品,帮助推广的产品迅速提升曝光量、增加访客流量,并且能够迅速、精准地定位海外买家,扩大产品的营销渠道呢? 使用直通车运营推广计划,通过竞争出价的方式获得网站的有利排名位置,让卖家的商品展示在搜索结果页面靠前的位置,从而直接影响商品的点击率,达到提高店铺曝光量和流量的目的。

任务准备

1. 移动端信息设备,速卖通 APP 软件。
2. 速卖通平台 https://www.aliexpress.com/。

任务实施

第 1 步:认识直通车

1. 什么是直通车

直通车是一种按效果付费的广告,简称 P4P(pay for performance)。直通车是按每次点击(cost per click,CPC)付费,只有买家对该产品产生兴趣并点击进一步了解详情时,系统才会对这次点击扣费;如果买家仅仅浏览,并没有点击产品查看,则不扣费。直通车旨在帮助卖家迅速、精准地定位海外买家,扩大产品的营销渠道。通过竞价排名,商品可以展示在搜索结果页面靠前的位置,直接影响商品的点击率。竞价排名是指通过竞争出价的方式获得网站的有利排名位置。

2. 直通车的价值

直通车的价值可以从直接价值和间接价值两个方面来分析,如图5-4-1所示。

(1) 直接价值 引流,帮助推广的产品迅速提升曝光量、增加访客流量,进而成交。

(2) 间接价值之测产品 助力爆品,让爆品更爆,帮助店铺爆款获得更多的曝光机会,巩固并继续提升爆品转化效果,为卖家打造爆款提供数据支撑;帮助卖家测试新品,为新产品提供方向,还为备货提供库存量的参考。

(3) 间接价值之提销量 为产品提供排名,报名参加平台活动,积累老客户。

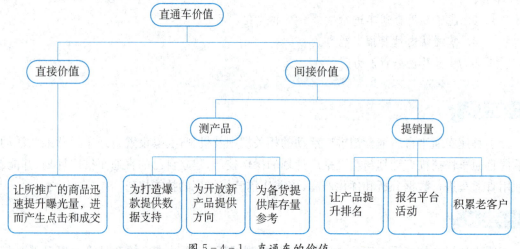

图5-4-1 直通车的价值

3. 直通车的展示位置

直通车的展示位置如图5-4-2所示。

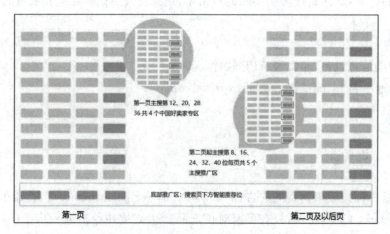

图5-4-2 直通车的展示位置示意图

(1) "中国好卖家" 优词可竞价速卖通搜索页第一页的第12、20、28、36位。

（2）其他卖家　优词可竞价速卖通搜索页第二页及以后页的第 8、16、24、32、40 位。

（3）所有卖家　优词可竞价速卖通每一页底部的 4 个推广位。

第 2 步：了解直通车的功能模块

1. 后台首页

登录速卖通后台，点击"营销活动"→"速卖通直通车"，打开"速卖通直通车"页面。也可以通过快速入口登录，直接单击快速入口列表中的"管理直通车"按钮，如图 5-4-3 所示。

直通车后台功能模块包括账户概览、数据效果、推广信息、当月等级等。首页如图 5-4-4 所示。

图 5-4-3　快速入口

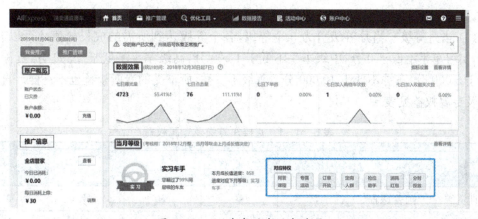

图 5-4-4　速卖通直通车首页

（1）账户概览　账户概览模块展示卖家账户状态和账户余额。

① 账户状态已欠费：当卖家账户处于正常状态，且账户余额小于或等于 0 元时，推广状态显示"您的账户已欠费，充值后可恢复正常推广"。单击"充值"按钮，打开充值页面，通过支付宝在线充值。

② 达到每日预算限额：当卖家账户处于正常状态，账户余额大于 0 元，且卖家当天的消耗总额已经达到设定的日广告预算金额时，所有推广信息都会下线，推广状态显示"未推广，您今天推广总消耗额已达预算限额"，卖家可以提高每日预算金额以延长投放时间。

（2）数据效果　可以查看近 7 日的各种指标数据，包括七日曝光量、七日点击量、七日下单数、七日加入购物车次数及七日加入收藏夹次数等。还能与上一个 7 日周期对比，提示指标数值是上升还是下降。

① 七日曝光量：是指最近 7 天，卖家所有推广中的商品，在海外买家搜索过程中获得的

展现流量。

② 七日点击量：是指最近 7 天，卖家所有推广中的商品，在海外买家搜索过程中获得的点击查看的次数。

③ 七日点击率：点击率＝点击量÷曝光量。点击率较高，说明买家对卖家推广中的商品较感兴趣，愿意进一步查看、了解卖家的商品详情。点击率是反映卖家商品是否满足买家的购买需求、商品是否令买家感兴趣的重要指标。

④ 七日花费：是指最近 7 天整个账户的财务消耗，精确到小数点后两位，单位是元。

⑤ 七日平均点击花费：是指最近 7 天对所有推广中的商品点击花费的平均数，计算公式为

$$平均点击花费＝总花费金额÷总点击量。$$

由于数据效果中的数据来自所有推广中的商品，卖家可自定义指标的功能，查看各个推广计划下具体每个商品的推广效果。

（3）推广信息　推广信息包括全店管家和推广计划，通过该模块可以设置直通车推广计划。

（4）当月等级　当月等级分为 5 个等级，各个等级达到所需的成长分值才可以升级。例如，实习车手不低于 0 分，中级车手不低于 1 500 分，高级车手不低于 2 500 分，资深车手不低于 5 000 分，车神不低于 10 000 分。等级不一样，所享受的专属权益也不一样。直接车等级及专属权益见表 5-4-1。

表 5-4-1　直接车等级及专属权益

专属权益		实习车手 ≥0	中级车手 ≥1 500	高级车手 ≥2 500	资深车手 ≥5 000	车神 ≥10 000
培训资源	阿普课程	✓	✓	✓	✓	✓
营销资源	专属活动	—	✓	✓	✓	✓
	订单开放	—	—	✓	✓	✓
	定向人群	—	—	✓	✓	✓
	抢位助手	—	—	✓	✓	✓
	消耗红包	—	—	✓	✓	✓
	分时投放	—	—	—	✓	✓

2. 推广管理

在推广管理页面可以看到卖家设置的每个推广计划的信息，如状态、计划名称、日消耗上限、类型、计划概况、七日曝光量、七日点击量、七日点击率、七日花费等数据。针对这些数据可以进行删除、修改、开启等操作。"推广管理"页面如图 5-5-5 所示。

3. 优化工具

优化工具包括优化中心、选品工具和关键词工具。

状态	计划名称	日消耗上限	类型	计划概况	七日曝光量 ↓	七日点击量 ↓	七日点击率 ↓	七日花费 ↓	操作
ⅠⅠ暂停中	ljl2	￥30.00	重点推广	推广单元：1	1577	26	1.65%	￥11.31	删除 修改 开启
ⅠⅠ暂停中	ljl	￥30.00	重点推广	推广单元：1	953	7	0.73%	￥4.75	删除 修改 开启
ⅠⅠ暂停中	hjh	￥30.00	快捷推广	商品：20 关键词：19	0	0	0%	￥0	删除 修改 开启

图 5-4-5 "推广管理"页面

(1) 优化中心 优化中心从基础指标、效果指标、消耗指标 3 个维度，全面诊断直通车推广。优化指标包括指标分值、同行趋势、近 7 天采纳的建议和当前待采纳的建议。"优化中心"页面如图 5-4-6 所示。

全新版优化中心从"基础指标"、"效果指标"、"消耗指标"三个维度，为您的直通车推广做全面诊断。赶快来体验吧！

诊断维度	指标分值 ?	同行趋势 ?	近7天采纳的建议 ?	当前待采纳的建议 ?
基础指标 ?	835	超越99%同行	0个	3个
效果指标 ?	0	超越84%同行	0个	2个
消耗指标 ?	23	超越84%同行	0个	0个

图 5-4-6 "优化中心"页面

(2) 选品工具 选品工具包括推荐理由和是否加入推广两项主要功能。推荐理由包括不限、热搜、热销和潜力，是系统根据商品的浏览量、订单量、转化量等数据筛选出来的推荐加入推广计划的商品，卖家可根据库存选择是否加入速卖通直通车计划。"选品工具"页面如图 5-4-7 所示。

(3) 加词清单 每次添加的关键词数量为 200 个，但每个关键词的长度不超过 64 个字符。而且要确保选定的关键词中不含有任何违反法律、法规、平台规则和相关协议的内容，包括但不限于非自有且无权利人合法授权的品牌或商标。可以根据系统推荐的按计划找词和按行业找词两个大方向来寻找关键词。该页面还可以设置默认出价和 APP 区域出价。"加词清单"页面如图 5-4-8 所示。

不要勾选带有品牌词的关键词，因为可能侵权。"关键词"页面如图 5-4-9 所示，方框中的关键词为带有品牌的关键词。

4. 数据报告

(1) 账户报告 针对速卖通直通车账户的整体营销状况，通过设置计划类型、计划范围、投放区域及统计周期等条件，提供包括曝光量、点击量、点击率、花费、平均点击花费的效果统计分析报告。"账户报告"页面如图 5-4-10 所示。

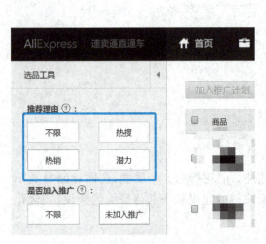

图5-4-7 "选品工具"页面

图5-4-8 "加词清单"页面

图5-4-9 "关键词"页面

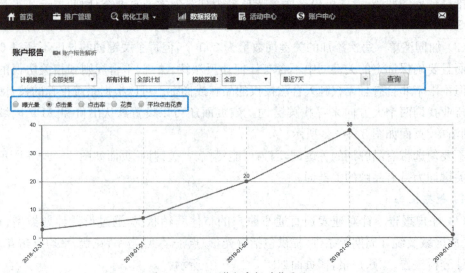

图5-4-10 "账户报告"页面

说明：选择按天统计，可以展开查看每天的账户营销状况，即按照推广计划查看每天的数据。该页面提供报表下载功能。

（2）商品报告　卖家通过直通车推广商品之后，查看商品报告了解具体商品推广数据核心指标，包括曝光量、点击量、点击率、花费等，从而确认下一步的优化方向。"商品报告"页面如图5-4-11所示。

图5-4-11　"商品报告"页面

卖家可以按照计划的类型，查看该计划内所有商品最近一段时间的数据指标。在报告的列表信息中，可以查看商品对应时间内的曝光量、点击量、点击率、花费及平均点击花费等数据，并支持导出数据，如图5-4-12所示。

商品	曝光量	点击量	点击率	花费	平均点击花费
	1712	36	2.1%	¥7.73	¥0.21
	1577	26	1.65%	¥11.31	¥0.44

图5-4-12　"商品报告"列表页面

导出数据之后，卖家可以将数据排序，结合商品报告做优化，针对问题商品排查和优化细节。卖家同样可以根据七日曝光量、七日点击量、七日点击率、七日花费、七日平均点击花费等数据对推广计划进行整体排序，制订适合自己店铺的推广计划。

（3）关键词报告　卖家推广商品时，能否得到充足的曝光量取决于关键词的设置，所以要了解关键词的数据指标，包括数量、曝光量、点击量、花费等核心指标，进而确认下一步关键词的优化方向。"关键词报告"页面如图5-4-13所示。卖家可以筛选计划类型、所属计划、投放区域和时间来查看关键词相关指标。

（4）操作记录　记录当前操作的过程，以备卖家随时查看。

第 3 步：设置直通车推广计划

直通车的推广计划分为两种：全店管家和计划推广。全店管家和计划推广的经费计算是完全区分开的，互不影响。如果同时开启的话，则两种方式同时消耗资金。"推广信息"页面如图 5-4-14 所示。

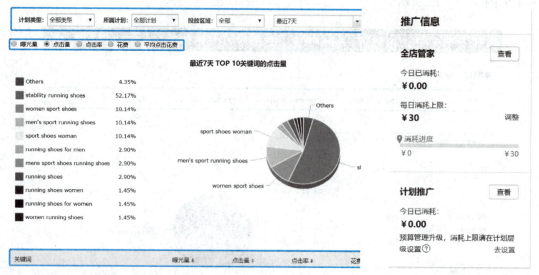

图 5-4-13 "关键词报告"页面　　　　图 5-4-14 "推广信息"页面

一、全店管家

全店管家只需设置两个指标，即每日消耗上限和出价区间。每天因客户点击而产生的扣费金额达到卖家所设置的每日消耗上限后，就会停止推广。出价区间是设置最低出价和最高出价。全店管家推广的产品是指除计划推广以外的产品。"全店管家"设置页面如图 5-4-15 所示。

全店推广操作简单快捷，无需时刻关注推广状态，无需经常调整价格，无需挑选关键词，关键词由平台统一选取，推广效果显著。但是，无法针对性地重点推广，无法控制推广效果。

二、计划推广

计划推广分为重点推广计划和快捷推广计划。重点推广计划能够加快打造爆款，可以单独选品来指定推广关键词。建议商品数量占全店总商品数量的 2%～10%，占总经费的 70%～80%。快捷推广计划可以批量选品、选词，打包推广更多相似商品，通过数据比较筛选潜力爆款。建议商品数量占全店总商品数量的 10%～20%，占总经费的 10%～20%。"选择推广方式"页面如图 5-4-16 所示。

提示：推广计划名称要让人明确了解推广计划的目的。例如，双 12 促销的推广计划，命名为"'双 12'推广计划"。

1. 重点推广计划

在"选择推广方式"页面中，选中重点推广计划，填写推广计划的名称，设置计划每日消

图 5-4-15 "全店管家"设置页面　　图 5-4-16 "选择推广方式"页面

耗上限金额以后,单击【开始新建】按钮,打开"新建推广单元——选择商品"页面,如图 5-4-17 所示。

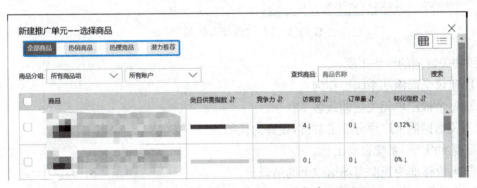

图 5-4-17 "新建推广单元——选择商品"页面

(1)添加商品　添加商品需要新建一个推广单元。卖家可以通过热销商品、热搜商品、潜力推荐等指标选品,商品都是经过系统有效数据筛选出来的。如果卖家想自己选择,可以通过商品名称搜索。

重点推广计划选品的注意事项:

① 注意选择有潜力的产品作为重点推广计划的产品。

② 最多创建 10 个重点推广计划。

③ 每个计划可以创建多个推广单元。

④ 每个推广单元只能有一个产品。

⑤ 防止推广单元因同一关键词互相竞争。

(2)关键词的添加　在推广计划关键词列表中,点击【添加关键词】按钮,可以继续往这个推广计划中添加关键词。选好关键词后,完成出价,并单击【保存】按钮。

添加关键词有两种方式：一种方式是在推荐词中选择，从推广评分占优、搜索热度竞争力和市场平均价的角度来讲，系统推荐的50个词都是质量比较高的关键词。另一种方式是通过搜索相关词选择。搜索相关词就是给出一个关键词，系统会搜索出许多与之相关的关键词。同时，在"选择关键词"面页还可以设置出价，如图5-4-18所示。

图 5-4-18 "选择关键词"页面

添加关键词的注意事项：
① 建议全部添加系统推荐词。
② 每个推广单元关键词最多200个。
③ 关键词的推广评分非常关键，最好为优的。
④ 选词完毕，系统自动出价。
⑤ 出价标准为当前市场第二页的最低价。

关键词推广评分及展示位置：
① 只有优词才有机会展示在页面主搜的黄金展示位置。
② 良词只能展示在搜索页面的非黄金展示位置。
③ 无评分的词无法展示，所以要注意筛选关键词。

图 5-4-19 详情页下方商品推荐

（3）商品推荐投放　商品推荐投放时注意：
① 商品推荐投放建议开启。
② 出价越高，展示的可能性越大。
③ 展示位置主要为详情页下方商品推荐，如图5-5-19所示。
④ 推广计划建成，系统会自动设为推广启动状态。
⑤ 出现质量不佳问题时，所有关键词推

广评分全部为良。

2. 快捷推广计划

快捷推广计划所有操作方法与重点推广计划相同。不同点有：

① 快捷推广计划中每个推广单元可以同时推广多个商品。

② 快捷推广计划没有关键词限制。

③ 关键词同时绑定所有同单元的产品。

④ 最多创建 30 个快捷推广计划，每个计划可容纳 100 个商品。

第 4 步：直通车推广选品

一、直通车选品推广的目的

直通车选品的目的如下：

① 获得良好的推广效果，能更有效引流。

② 更好地推广产品，打造热卖款。

③ 减少无谓投入，提高推广性价比。

二、直通车推广选品的技巧

直通车推广并不像很多人认为的那样，只要开通了就能够让产品大卖。在开通直通车推广之前需要先选择一款好的产品，尽量花最少的钱，获取最大的利益。直通车选品应该考虑以下几个问题。

1. 产品的流量转化

需要分析店铺同时期上线的商品流量。当产品有了一定的平台流量之后，再对其做针对性的推广，效果也会好很多。

2. 单品毛利率

单品的毛利率到底适不适合直通车推广，能够为这款产品付出多少推广费，都是需要考虑的问题。虽然推广让产品销售更好，但是如果运营的费用比收入高很多，则得不偿失。因此，直通车推广之前要计算单品毛利率。

3. 关联产品、评价和跳失率

这些因素对是否选择直通车推广有着很重要的作用，因为这些因素综合了买家的想法和反馈信息。可以通过以下方法判断商品是否有竞争力。

（1）选品工具　通过选品的热搜功能，结合同类商品的热销程度排序。新建计划在选择完商品后，将勾选的商品加入到已有推广计划中，或新建推广计划重新推广。

（2）选品专家　登录速卖通卖家后台，点击"数据纵横"→"商机发现"→"选品专家"命令，如图 5-4-20 所示。

（3）产品自身的数据　分析各经营数据，判断哪些商品具有市场竞争力，这可以作为直通车选品的重要参考依据。

例如，可以通过分析商品数据来选品。执行"数据纵横"→"经营分析"→"商品分析"命令。选择分析周期为 30 天，勾选"搜索曝光量""商品页浏览量""支付订单数""加购物车次数""加收藏夹人数"，按照加购物车次数由大到小排列，如图 5-5-21 所示。这里的商品都

图 5-4-20 "选品专家"入口页面

是买家感兴趣的、具有市场潜力的商品,可以在这里选择几款数据指标较好的商品加入直通车进行推广。"商品分析"页面如图 5-4-21 所示。

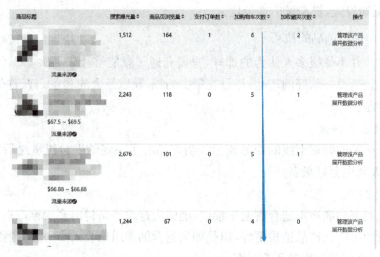

图 5-4-21 "商品分析"页面

第 5 步:直通车推广选词及价格策略

一、直通车推广选词技巧

关键词是直通车推广的基石,直通车的运营效果很大程度上依赖于选词的质量与数量。关键词的质量是指关键词与商品的匹配程度,用词越精准越好;关键词的数量,是指要有尽量多的合适的关键词形成推广合力。在卖家的选词渠道中,最实用高效的选词方式是用好直通车后台强大的关键词工具。

直通车选词技巧如下:

① 推广评分,只有优词才能展示在黄金位置。
② 关键词搜索热度、转化率和竞争力都是需要考虑的因素。
③ 选择与其他专家竞争力相对较小的关键词。
④ 选择和商品匹配度比较高的关键词。

⑤ 关键词出价要注意优词为主,良词为辅。
⑥ 选词和出价要相辅相成,不能单独区分开来。

二、直通车推广选词渠道

直通车的选词渠道分为平台内部选词渠道和平台外部选词渠道。

1. 平台内部选词渠道

平台内部造词渠道包括直通车关键词工具选词、直通车系统推荐词先词、数据纵横-搜索词分析选词、数据纵横-商品分析-搜索词来源选词、速卖通导航页面选词、速卖通搜索框引导选词及同行标题选词。

(1) 直通车关键词工具选词 建议的筛选方法:选择未添加词,先按 30 天搜索热度从高到低排序,再按竞争度从低到高排序,筛选之后再批量加关键词,如图 5-4-22 所示。

图 5-4-22 "关键词工具"页面

可以选择"按计划找词"和"按行业找词"。按行业找词,依次选择行业、设置推广渠道(APP 区和非 APP 区)、选择推荐理由(高流量、高转化、高订单、小二推荐)。选择高流量词、低竞争高流量的词,加入高转化、高订单的词,可以使关键词与商品的匹配度更高;选择少量与商品匹配的高流量(大流量)词,适用于测试产品数据,形成潜在的转化率。

高流量词是指整个网站买家搜索量高的词;高转化是指买家更愿意点击的词;高订单是指买家下单数量高的关键词;小二推荐是指行业系统推荐的关键词。

(2) 直通车系统推荐词选词 系统会推荐与行业相关的、针对性较强的 50 个关键词。系统所推荐的关键词都是优词,初期推广建议全部添加。

(3) 数据纵横-搜索词分析选词 主要从热搜词、飙升词和零少词 3 个维度筛选出适合的词。热搜词是目前搜索热度非常高的词;飙升词是近一段时间内搜索热度和指数飞速上升的词,总量不会很大,没有进入热搜词;零少词一般可以理解为长尾词,有一定的市场份额,竞争度相对低的词。点击"数据纵横"→"商机发现"→"搜索词分析"命令,可以打开"搜索词分析"页面,如图 5-4-23 所示。

图 5-4-23 "搜索词分析"页面

① 表格直接展示。热搜词、飙升词、零少词直接以表单的形式展现出来,直接明了。表格中的数据可以按字段排序,例如,可以查看运动及娱乐行业全球最近 7 天搜索指数的关键词排序。

② 行业选项功能。行业筛选框由之前的十几个重点一级行业升级为全网各个行业,卖家可以查看任意一个行业搜索关键词。

③ 国家选项功能。网页设置"国家"选项功能,除能查看某行业、某个国家搜索关键词的各项指标以外,下拉列表中的国家排名信息每天更新,显示最近 30 天成交额排名前列的国家,由此可以方便地了解该行业主要市场的需求热度。

④ 是否品牌原词标识。由于品牌商品有授权才能销售,"是否品牌原词"标识,能够帮助卖家避免由于不了解某些品牌而被处罚。

零少词具备一定的搜索热度,但是供应商发布商品较少。零少词是在同行业中竞争度较低的关键词,如果卖家能够快速挖掘到它们并加以转化,收益也会颇丰。零少词搜索列表如图 5-4-24 所示。

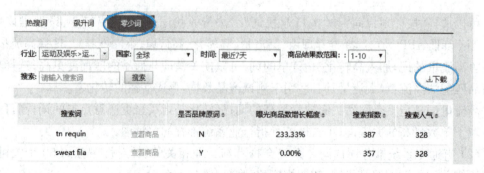

图 5-4-24 零少词搜索列表

提示:热搜词、飙升词、零少词的搜索列表都可以下载并存储为 Excel 格式。通过 Excel 数据表格工具的强大功能,实现对数据的快速查找、排序和筛选。

(4) 数据纵横-商品分析-搜索词来源选词　可以查看流量来源的重点关键词,将流量来源量大的关键词添加到直通车推广计划里。"商品分析-流量来源"页面如图5-4-25所示。

图5-4-25 "商品分析-流量来源"页面

（5）速卖通导航页面选词　在买家购物首页，买家在搜索框里输入关键词，会自动匹配跟这个关键词有关的、买家搜索度比较高的关键词。买家购物首页如图5-4-26所示。

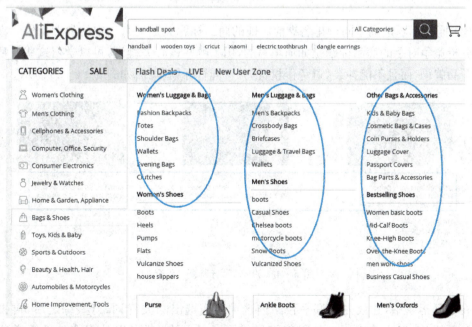

图5-4-26 买家购物首页

(6) 速卖通搜索框引导选词　在搜索框输入要搜索的关键词,输入几个字母后就有引导词,这些词买家经常使用。一般来说,买家会直接点击。"速卖通搜索框"页面如图5-4-27所示,关联搜索关键词如图5-4-28所示。

图5-4-27　速卖通搜索框

图5-4-28　关联搜索关键词

(7) 同行标题选词　同行排名靠前店铺的商品标题关键词有一定的参考价值。应该了解并分析竞争对手的商品标题是如何填写的,用了哪些核心关键词,可以学习这些技巧。注意避开品牌词,而且不能抄袭,避免侵权行为。"同行标题"页面如图5-4-29所示。

图5-4-29　"同行标题"页面

在实际运营中,建议先用好平台站内选词渠道选出的关键词,待熟练之后,再去寻找更多的关键词、组合关键词。如果能把思维再扩散开来,还可以从很多外部渠道获取关键词。

2. 平台外部选词渠道

（1）参考国外网站选词　在国外网站看同行商品的标题关键词、类目是如何设置的。例如，http://www.watchcount.com/是一家专门收集关键词的网站，可查询到 eBay 平台上的热卖款及其标题关键词。

（2）参考其他电商平台选词　参考 eBay、Wish 和 Amazon 等其他跨境电商平台，看看相关行业的热销商品的关键词。

（3）谷歌搜索词优化工具选词　谷歌搜索词优化工具是一种使用 Google 关键词广告，以及 Google 遍布全球的内容联盟网络来推广网站的付费网络推广工具。

（4）词组合工具选词　比如"让淘宝飞"关键词组合助手工具，通过关键词组合，确立长尾词，网罗潜在买家。

（5）百度百科、维基百科选词　有些商品比较冷门，产品的名称也比较专业，可以从百度百科和维基百科的商品介绍里提取关键词。

（6）买家询盘信息选词　了解买家在用什么关键词搜索，把这些关键词提取出来，为自己所用，积累词表。通过买家询盘信息选取关键词，不仅可以用在直通车推广，也可用于宝贝详情页设计上。

三、直通车竞价需要考虑的因素

（1）充分考虑商品本身的竞争力　直通车竞价策略首先考虑商品本身的竞争力。商品的竞争力包括商品的品质、商品的价格和商品的总数量。

（2）充分考虑商品的市场环境　市场环境包括商品市场的饱和度、其他竞争对手产品的竞争强度。

（3）充分考虑出价与流量的关系　出价与流量呈正比关系，商品按出价的高低排序。但并不是排名越高越好，还要看商品的转化率。要注意，良词和无关的词不要总排在第一位。还要注意，在店铺访客高峰期将重点推广的商品推到第一页。访客高峰期可以通过"数据纵横-实时风暴"页面查看。

（4）充分考虑流量与 ROI（投入产出比）的关系　总流量越大，ROI 越低，ROI 与流量呈反比例关系。投入产出越低，花的钱越冤枉。

四、直通车出价技巧

1. 设置日消耗上限

一般设置日消耗上限 50～100 元，在其他人出价的基础上加 0.01 元；测试新款时，应加大出价力度；观察实时风暴的峰值，流量最大时出价，帮助商品进入较好的展示位置。"计划推广-日消耗上限"设置页面如图 5-4-30 所示。

2. 出价时间设置为对应国家的某个购物高峰期

首先分析买家的购物时间，在该国家的购物高峰期出价。速卖通面向全球买家，不同国家的购物高峰时间不同。一般来说，买家的购物时间主要集中在当地时间的 10:00～11:00，15:00～17:00，21:00～23:00 这 3 个时间段。卖家要分析店铺的主要客户在哪个国家，同时分析客户的主要购物时间。

图 5-4-30 "计划推广-日消耗上限"设置页面

例如,店铺的主要客户来自俄罗斯国家,莫斯科的时间比北京时间晚 5 个小时,俄罗斯客户的购物时间主要集中在北京时间的 2:00～4:00,15:00～16:00,20:00～22:00。上架新产品的时间可以集中在这几个时间段,因为新商品上架时会有流量倾斜,即平台会给新商品提供更多的流量。当然,俄罗斯幅员辽阔,只用莫斯科的时间似乎不大合适。但是,俄罗斯的大部分居民生活在欧洲,而且购买人群也主要集中在莫斯科、圣彼得堡等大型城市,按照"抓大放小"的原则,以莫斯科时间为准。

3. 确定推广时间

只有在高流量时出价、保证推广的持续性、让产品进入好的展现位置,才能确保直通车的推广效果。

4. 确定推广地区

查看"数据纵横"→"商品分析"→"关键词分析"的数据并分析,了解商品关键词搜索来自哪些国家,是哪些小语种的词,最后确定推广的地区。"商品分析-关键词分析"页面如图 5-4-31 所示。

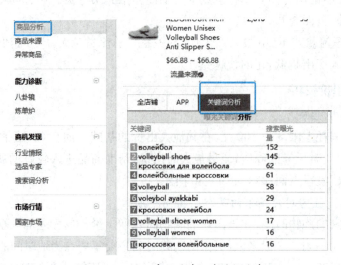

图 5-4-31 商品分析-关键词分析

另外,还可以查看"数据纵横"→"市场行情"→"国家市场"里消费能力前10的国家,作为重点推广地区。

5. 适时调整出价

经常关注出价排名。一般来说,晚上出价稍高,但早上记得把出价调回来。"中国好卖家"可以进入主搜第一页查看其他卖家的出价均价,然后在均价的基础上加0.01元,最后至前台搜索确认关键词是否排在第一页。需要说明的是,并不是出了价马上就能展示到第一页的位置,排名跟商品质量得分和出价有关。普通卖家的出价只能让商品展现在第二页的主搜位置上。

五、直通车推广计划出价策略

1. 快捷推广计划出价策略

快捷推广计划适合测试新款、挖掘潜力爆款。其出价策略如下。

(1) 通过海量关键词推广,出价第一页主搜位置能够快速获取点击数量。

(2) 同类型产品放在一起推广。

(3) 大流量关键词可以稍微靠后出价,可以评判商品是否适合市场。

(4) "中国好卖家"精准词出价到首页,非"中国好卖家"精准词出价到第二页。

2. 重点推广计划出价策略

重点推广计划适合打造潜力爆款,其出价策略如下。

(1) 打造潜力爆款,跟进重点关键词的排名,出价至第一页主搜页,加大商品成长期的流量。

(2) 查看爆款排名变化,关注关键词排名,适当调整推广位置到第二页、第三页。

(3) 创意推广。每组重点推广计划可以添加两组创意,创意图片和标题可以随时变换,因为直通车推广本身就是创意推广。只有重点推广计划才能添加创意,通过创意图片测试什么主图能够吸引买家点击。良词添加到直通车创意中推优。

(4) 创意标题。每个产品设置两个创意标题,有些买家就喜欢买这种带创意标题属性的商品,标题有这些要素,买家会更愿意点击。前35个字符要突出商品的明确特点和促销信息,比如商品的卖点、商品是不是新款、是不是热卖产品等。

直通车创意标题就是广告语,如果只靠想象无法准确知道买家喜欢点击什么广告。测试不同标题的效果,突出商品的优势和卖点,从而提高点击率。比如热销千件、99%好评、奢华头层皮鞋、购买送皮带等广告语。

按买家购物心理的需求组合标题。比如美容类目,买家最关注的可能是销量、评价;3C电器类目,买家最关心的是否是正品;服装类目,买家可能会关注折扣信息、个性化信息;饰品类目,买家比较关注商品的风格、材质等。

(5) 创意图片。图片文案要突出卖点、简单易懂,图片不能有水印;在创意设计上给买家营造时间上的紧迫感。

第6步:直通车数据分析

数据分析有利于了解店铺的运营情况。掌握这些数据的分析和运用,有利于后续的调整和优化。

1. 分析的目的

通过各项数据指标(点击量、总花费、投资回报率)的分析,得出直通车整体推广计划存在的问题,作为优化的依据,可以提升店铺的投入产出比,花更少的钱得到更好的推广效果。

2. 分析思路及计算公式

直通车推广数据分析可以从点击量低和总花费过高两个方面入手。

直通车点击量、总花费、投资回报率以及直通车流量的计算公式如下:

$$点击量 = 曝光量 \times 点击率,$$
$$总花费 = 点击量 \times 平均每次点击单价,$$
$$投资回报率 = 收益 \div 投入成本,$$
$$直通车流量 = 商品推荐投放量 + 关键词流量 + 全店管家流量。$$

3. 分析方法

后台一共有3种类型的数据报表:账户报告、商品报告、关键词报告。

(1) 账户报告　分析账户近1个月的点击量和总花费,按时间导出数据。"账户报告"页面如图5-4-32所示。

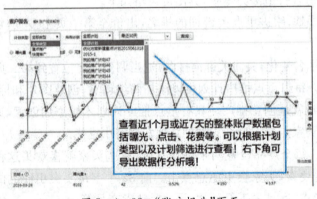

图5-4-32　"账户报告"页面

(2) 商品报告　推广商品的横向比较,观察哪些商品得到的点击量最多、花费如何等,按商品导出数据。"商品报告"页面如图5-4-33所示。

(3) 关键词报告　以设置计划类型、计划范围、所属单元及日期等条件来查询。可按数据效果排序。"关键词报告"页面如图5-4-34所示。

例如,有卖家发现店铺流量突然飙升,想找到流量激增的原因,具体操作方法如下:

步骤1:查看账户报告,找到激增的时间点。

步骤2:对应查看商品报告并排序找到点击率高的商品名称。就是这款商品带来的点击量最多,看这款商品是否为主推产品,根据情况作出相应的调整。

步骤3:打开关键词报告选择相同时间段,然后查看主要流量来自哪些关键词,是否为

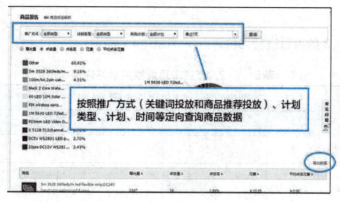

图 5-4-33 "商品报告"页面

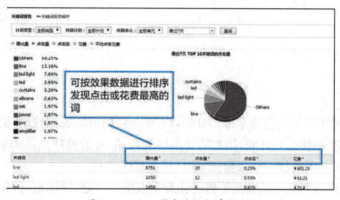

图 5-4-34 "关键词报表"页面

上述商品的主要关键词,匹配度如何,平均点击花费是否超出行业水平或自身承受水平。根据这些情况以及转化情况调整优化商品和关键词。

4. 常见问题

(1) 引流低的原因　引流低可能是点击量低导致的。可以加关键词和提高出价,以提升曝光率。

(2) 怎样提升曝光量　通过直通车选词工具找出行业热搜词,添加为精准词和长尾词。重点关注关键词的引流效果,提升点击出价,开启商品推荐投放出价或者提价。

(3) 怎样提高点击率　针对重点推广的商品优化创意主图与创意标题。

(4) 怎样解决花钱快　可以关掉不必要的花费,提升精准曝光量。

(5) 如何定位直通车推广计划　检查是否开启"全店管家"与计划推广,直通车的定位问题最终是单品优化问题。

(6) 如何解决单品优化问题　降低花销,可以从关键词流量和商品推荐投放量考虑。单品流量等于关键词流量加上商品推荐投放量。单品优化问题,一是降低商品推荐投放的点击价或直接关闭,二是降低关键词的整体出价。

任务评价

根据表5-4-2的项目进行评价。

表5-4-2 直通车运营推广学习评价

评价项目	自我评价(25分)		小组互评(25)		教师评价(25)		企业评价(25)	
	分值	评分	分值	评分	分值	评分	分值	评分
直通车推广计划类型	5		5		5		5	
直通车推广选品	5		5		5		5	
直通车推广选词	5		5		5		5	
直通车推广关键词出价	5		5		5		5	
直通车数据分析	5		5		5		5	

能力拓展

按以下要求创建并优化直通车推广计划,以Word文档形式提交操作记录及结果。

1. 建立直通车快捷推广计划,添加需要推广的商品,并为推广商品添加关键词、设置最低出价。通过分析7天的推广结果数据,选出重点推广产品。

2. 将快捷推广计划选出的商品一键转化为重点推广计划,继续加词(关键词上限为200个)。实时监控关键词出价,根据日消耗上限的金额,在适合的时间段,让主关键词、精准关键词展示在第一页的主搜位置上。

3. 根据直通车推广计划的七日点击率、点击量,更换直通车创意主图并测试换图后的效果。

单元六　跨境电商物流管理

在对跨境电商国际物流的分类和各大商业快递的优缺点有所了解,选择最适合且最高效物流方式的前提下,学习利用速卖通后台进行运费模板设置和线上发货物流设置,优化商品的运费模板和线上发货物流,从而提高物流效率,降低成本投入,促进订单转化。

高质量的商品、高效的物流、良好的服务、优质的推广等都是跨境电商行业不可或缺的组成环节,其中物流更是卖家广泛关注的对象。好的物流意味着卖家降低成本、缩短运期、货物能够快速送达,买家能获得良好的购物体验,这些都将给卖家带来可喜的收益。因此,卖家要懂得如何选择最高效的、最适合的物流方式。面对多种物流方式,卖家可以从运费、安全度、运送速度及买家的实际需要等几方面考量。

▶任务 1　设置物流模板

学习目标

1. 能根据速卖通平台规则,完成对物流运费模板的设置与操作。
2. 能利用 ERP 系统快速完成对商品物流的批量设置。

学习任务

了解跨境电商国际物流的分类和各大商业快递的优缺点,选择最适合且最高效的物流方式。本任务在速卖通后台设置并完善商品的运费模板,提高物流效率,降低成本。

任务分析

由于买家所在的国家不同,发货地区不同,选择的物流方式不同,设置的优惠折扣也就不同,设置承诺的运达时间也就不一样。在发布商品之前需要先设置商品的运费模板,根据实际情况选择运费模式。

任务准备

1. 移动端信息设备,速卖通 APP 软件。

2. B2C、C2C 平台：速卖通平台 https://www.aliexpress.com/。

知识储备

跨境电商国际物流主要分为 3 种，即邮政物流、商业快递和专线物流。另外，还可以建立海外仓，把商品提前运送过去。当客户下单时，直接从海外仓发货，提高运输时效。

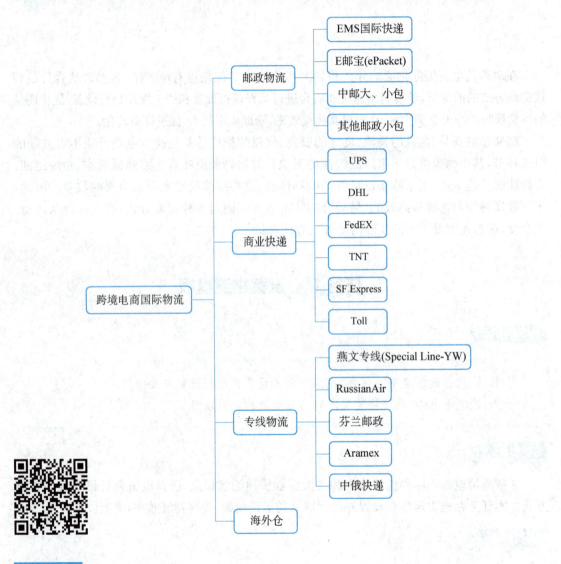

任务实施

第 1 步：新建物流模板页面展示

卖家在发布商品之前需要先设置商品的运费模板。

步骤 1：打开"物流模板"界面，右上角出现"新建运费模板"按钮，点击进入编辑页面，如图 6-1-1 所示。

步骤2:选择发货地区,如图6-1-2所示。

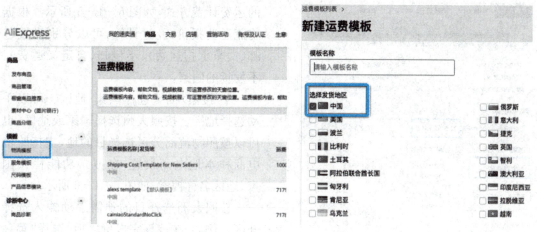

图6-1-1 "运费模板"页面

图6-1-2 运费模板编辑页面

第2步:设置物流线路

步骤1:选择物流等级。在编辑页面就会展示不同的物流线路供选择、设置,如图6-1-3所示。设置的物流线路只有符合物流方案列表和速卖通物流政策,商品前台才会展示对应的物流线路。

步骤2:设置物流线路。选中物流线路后,下方会出现该物流线路设置模块,制定物流线路规则(标准运费、卖家承担运费、自定义运费)。

物流方案列表和速卖通物流政策

(1)标准运费 可设置标准运费的减免规则。减免百分比是在物流公司标准运费的基础上给出的折扣,如图6-1-3所示。比如,物流公司标准运费为US$100,减免百分比是30%,买家实际支付的运费是US$100×(100%−30%)=US$70。

(2)卖家承担运费 前台展示的运费为0,即卖家包邮,买家无需支付运费,如图6-1-4所示。

图6-1-3 选择物流线路

图6-1-4 设置"卖家承担运费"页面

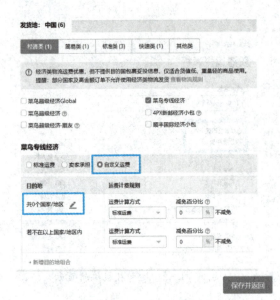

图6-1-5 "自定义运费"设置页面

(3) 自定义运费 分别设置不同目的地的运费计费方式,如图6-1-5所示。根据物流运费报价,经过计算,可以分别设置包邮(卖家承担运费)、不包邮(自定义运费)、不发货的国家。

① 搜索/批量选择国家/地区。可以手动选择地区。按照大州选择国家或地区,也可以按照物流商分区选择目的地,支持跨境电商和本地电商设置,在搜索功能栏按国家、地区名称搜索,如图6-1-6所示。

按照大洲选择目的地需手动输入选择地区。例如,在计算完报价之后,选择"菜鸟专线经济"运送至俄罗斯、西班牙可包邮,则可手动输入查询和选择俄罗斯、西班牙。

图6-1-6 手动选择地区

② 按大洲选择目的地。批量选择地区。在批量选择目的地时,支持同时选择不同大洲的国家/地区,国家/地区之间使用顿号"、"和中文逗号",",也可以换行输入等方式相隔,如图6-1-7所示。例如,计算完报价之后,确认菜鸟专线经济至俄罗斯、西班牙可包邮,则可以批量复制、粘贴输入"俄罗斯、西班牙"。设置完成后点击保存即可。不包邮、不发货的国家可同理批量输入。

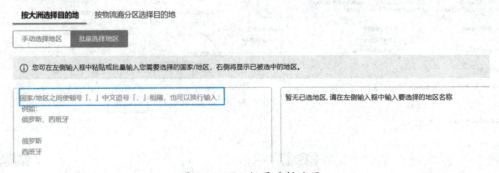

图6-1-7 批量选择地区

③ 按照物流商分区选择目的地。手动选择目的地和批量选择地区，与按照大洲选择目的地一致，不再赘述，如图6-1-8所示。

④ 自定义运费：按照重量计费。如首重0.5 kg，首重运费为1美元，续重范围可自行设置，如每增加相应克重，可进行相应的运费续增，如图6-1-9所示。

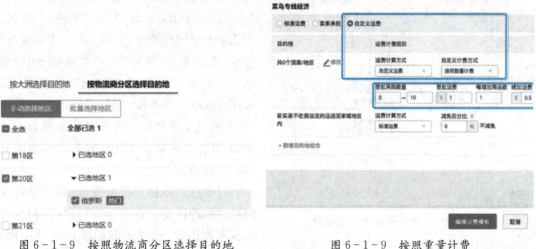

图6-1-9 按照物流商分区选择目的地　　　图6-1-9 按照重量计费

⑤ 自定义运费：按照数量设置运费，如图6-1-10所示。例如，首批采购数量0~10，首批运费为1美元，每增加商品数为1，续加运费0.5美元。0~10数量内的运费都是1美元，每增加商品数为1是指超出0~10范围之外的商品数量。

⑥ 不发货操作。可根据实际的物流配置，设置不发货，如图6-1-11所示。

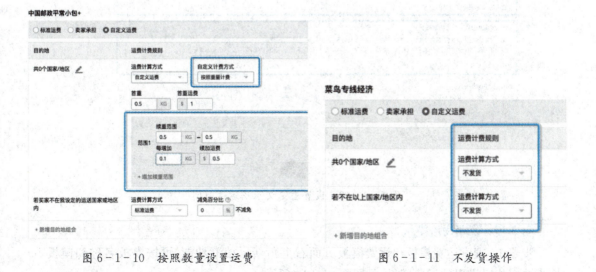

图6-1-10 按照数量设置运费　　　图6-1-11 不发货操作

步骤3：设置自定义运达时间。平台针对不同物流线路配置了不同的标准运达时间，如图6-1-12所示。结合不同国家的实际运达时间和平台标准配置时间设置自定义运达时间。在标准运费、卖家运费、自定义运费场景下均可设置自定义运达时间。但是,自定义运达时间不能超过平台标准配置时间。

注意:中外运-西邮经济小包、AliExpress无忧物流-简易、菜鸟特货专线-简易、菜鸟大包专线、AliExpress无忧物流-自提、AliExpress无忧物流-标准、菜鸟特货专线-标准、无忧集运-阿联酋、菜鸟保税出口-标准、无忧集运-沙特、139俄罗斯专线、AliExpress无忧物流-优先、DPEX等物流线路,在新版运费模板中不能自定义承诺运达时间,具体的线路承诺运达时间可查看平台标准配置时间。

可根据实际物流模板配置,将该物流线路可达的地区统一设置承诺运达时间;也可根据不同国家,设置不同的承诺运达时间,如图6-1-13所示。

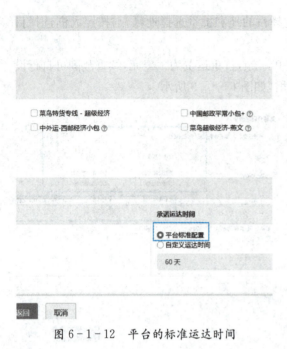

图6-1-12 平台的标准运达时间

图6-1-13 设置自定义承诺运达时间

第3步:管理物流模板

步骤1:搜索运费模板。运费模板页面右上角新增搜索功能,可按模板名称和模板ID搜索并查找已设置的运费模板,如图6-1-14所示。

步骤2:查看运费模板ID。在运费模板列表展示页面有运费模板ID显示,方便查看和使用运费模板,也方便利用运费模板ID搜索已设置的运费模板,提升设置运费模板的效率,如图 6-1-14 所示。

步骤 3：查看关联商品数量。运费模板列表展示界面关联了商品数显示，每一个模板可以看到已关联多少商品数，方便查询与管理，如图 6-1-14 所示。

步骤 4：复制运费模板。复制功能可以提升设置运费模板的效率，如果需要新建一个运费模板，且该运费模板和之前已有的模板有许多相似之处，就可以直接复制已有的运费模板编辑。

步骤 5：编辑模板名称。当点击复制按钮时，提示复制成功，会自动跳转到新的物流运费模板界面，并且模板名称会以"copy＋原模板名称"展示，此时可重新编辑模板名称，如图 6-1-15 所示。

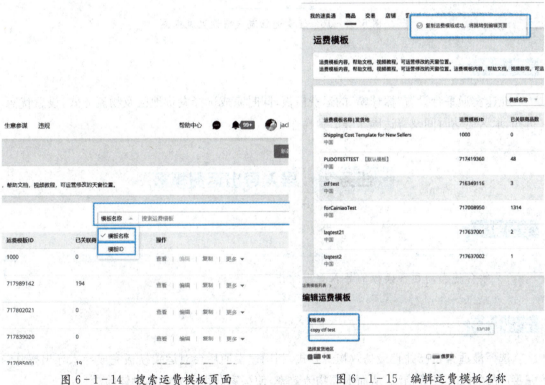

图 6-1-14　搜索运费模板页面　　　　图 6-1-15　编辑运费模板名称

步骤 6：删除运费模板。运费模板中关联商品数为零的情况下，可以删除模板。删除模板功能在运费模板展示页，点击"删除"后会有删除提示。如有线上产品正在使用该运费模板，则该运费模板无法删除。

> **任务评价**

根据所学知识，完成图 6-1-16 速卖通物流线路设置流程图。（每空格为 3 分，共 24 分）

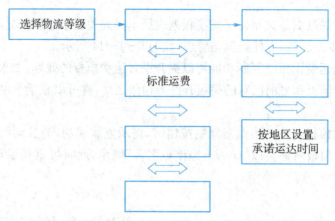

图 6-1-16 速卖通物流线路设置流程图

能力拓展

在速卖通平台设置"棒球帽"的运费模板,同时完成选择发货地区及物流方式,设置优惠折扣、承诺运达时间及寄达国家等后台操作。

任务 2　导入导出运费模板

学习目标

学会速卖通运费模板的导入导出操作。

学习任务

选择最适合自己并且最高效物流方式,利用速卖通后台对运费模板完成导入导出操作,完善产品的线上发货物流,从而提高物流效率,使买家获得更好的购物体验。

任务分析

买家所在的国家不同,发货地区不同,选择的物流方式不同,设置的优惠折扣也就不同,设置承诺的运达时间也不一样,这就需要我们定期管理运费模板。导入导出功能是基于指定模板中具体线路的,即目前支持对应线路的导入导出功能,通过 Excel 表格,实现应线路全部设置的更新,提升模板运营维护的效率。

任务准备

1. 移动端信息设备,速卖通 APP 软件。

2. B2C、C2C 平台：速卖通平台 https://www.aliexpress.com/。

> **任务实施**

运费模板的导入导出功能仅支持指定模板的单一线路，不支持整个模板的导入导出；仅支持中国发货，目前不支持海外仓。

一、导入、导出操作

步骤1：找到对应想导出的模板，在图6-1-14所示运费模板页面，点击"查看"，进入模板详情页面，选择导入导出功能区，如图6-2-1所示。

步骤2：找到对应导出线路，点击【导出到本地】，完成导出，如图6-2-2所示。

图6-2-1 导出线路

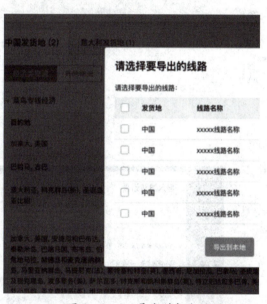

图6-2-2 导出到本地

步骤3：导出Excel到电脑中，下载的表格名为线路英文名称-运费模板ID-导出日期的结合，且支持文件名修改，方便商家管理。执行导入、上传必须用该表格，否则会导入失败，如 China Post Registered Air Mail－719837003－20200226（以实际线上展示为准）。

步骤4：按照需求编辑此表格，并保存更新。必须基于此表格更新，否则系统无法识别，也无法导入成功。

步骤5：进入模板编辑页面，找到对应导入线路，点击【导入】，导入编辑好的最新表格，如图6-2-3所示。

步骤6：上传文件，务必使用系统提供的表格，否则无法成功导入，如图6-2-4所示。

步骤7：预览导入的设置结果，如果没有问题，可点击【保存】；如果有问题，则点击【上一步】重新操作。如图6-2-5所示。

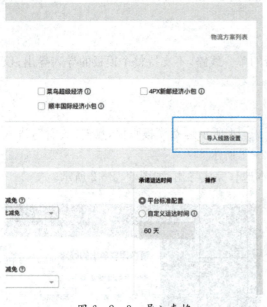

图6-2-3 导入表格

图6-2-4 "上传文件"页面

图6-2-5 预览导入结果

二、导入导出线下 Excel 表格并详细填写说明

步骤1：对照表格模块内容与产品页面功能区。

（1）设置线路整体运费规则，如图6-2-6所示。

（2）设置线路限时达，如图6-2-7所示。

（3）若计费方式为自定义运费，可选择运达目的国设置功能区，如图6-2-8所示。

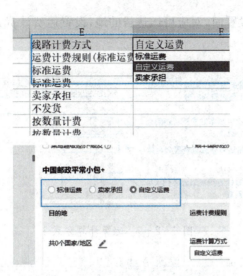

图 6-2-6 线路整体运费规则设置区

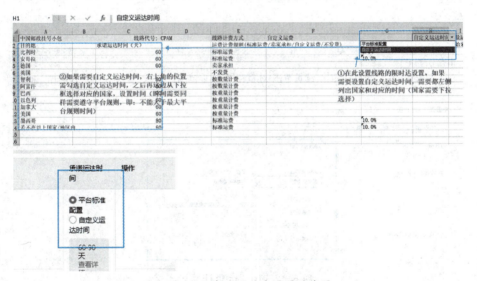

图 6-2-7 线路限时达设置功能区

图 6-2-8 设置自定义运费

(4) 在自定义运费设置时，对应可运达目的地，设置运费计费方式，如图 6-2-9、6-2-10 所示。

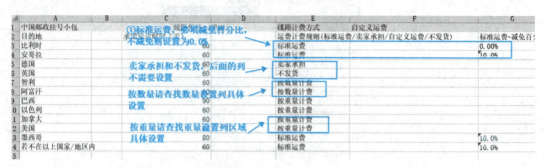

图 6-2-9 运费计算方式 1

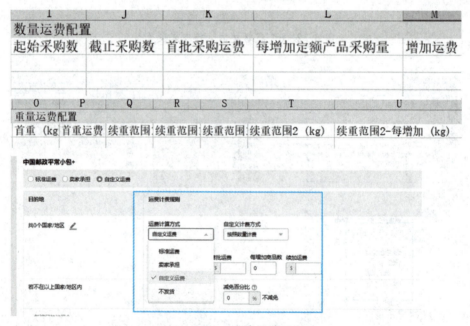

图 6-2-10 运费计算方式 2

注意：一个 Excel 里面不能有两个相同的运达目的地，自定义运费不能选择"该线路所有可达地区"。

步骤 2：表格具体操作。

(1) 表头为系统默认。进入表格之后，第一行的表头分别对应各个模板设置功能区；前两个单元格为对应线路的中文名称及线路代号，这里为系统默认，不需要选择，也不支持编辑，如图 6-2-11 所示。

图 6-2-11 表头

(2)选择线路整体计费方式。有3种方式：标准运费、卖家承担、自定义运费(三选一)，如图6-2-12所示。选择承诺运达时间为平台标准配置、自定义设置(部分线路不开放自定义设置时间)，如图6-2-14所示。

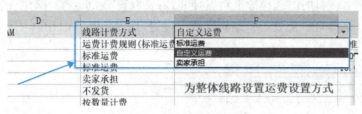

图6-2-12 线路整体计费方式

注意：如果整条线路选择的是标准运费，务必设置该线路的减免百分比，具体设置参考图6-2-13。

图6-2-13 设置标准运费减免百分比

图6-2-14 选择承诺运达时间

(3)自定义运费设置。从下拉框中选择对应可运达的国家，如图6-2-15所示，设置对应线路的承诺运达时间，如图6-2-16所示。

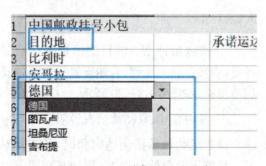

图6-2-15 选择可运达国家　　　　图6-2-16 对应路线的承诺运达时间

（4）设置该目的国的运费计费方式（标准运费、卖家承担、不发货、按重量计费、按数量计费），有部分线路不支持自定义运费，则按照实际需求选择设置，如图 6-2-17 所示。设置的具体方法如下。

① 标准运费：该目的国选择标准运费，同时需要设置"标准运费-减免百分比"。如果不打折，则填写 0.0% 即可。此处打折逻辑同线上设置，且为必填项，如图 6-2-18 所示。

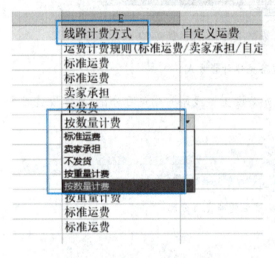

图 6-2-17 运费计算方式

图 6-2-18 标准运费

② 卖家承担：该目的国选择卖家承担，后面列均无需设置，可以忽略。

③ 不发货：该目的国选择不发货，后面列均无需设置，可以忽略。

④ 按重量计费：该目的国选择按重量计费，直接跳转至 O 列，设置首续重及运费价格，表格默认提供 3 个续重组合。如果需要新增，可以通过插入列的方式（同时增加 3 列）增加首续重组合，如图 6-2-19 所示。

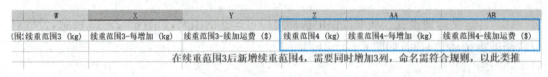

图 6-2-19 按重量计费

图 6-2-20 按数量计费

⑤ 按数量计费：该目的国选择按数量计费，直接跳转至 I 列，开始设置采购数量及运费价格，如图 6-2-20 所示。

三、目的地国家特殊情况说明

设置运费和承诺运达时间时，凡有针对某一目的国的个性化设置（比如某个国家设置为按数量设置运费,或者该国需要设置承诺运达时间为70天),都需要在目的地国家功能区,单独设置。具体场景可参考下述两个例子。

1. 场景一

假设运费设置：所有目的地可达,且均设置为标准运费。但是,在承诺时效的设置时需要针对巴西设置90天的承诺时效,其他国家采用平台标准设置。此时,目的地国家巴西需要单独一行设置,如图6-2-21所示。

中国邮政挂号小包	线路代号：CPAM	线路计费方式	自定义运费	
目的地	承诺运达时间（天）	运费计费规则(标准运费/卖家承担/自定义运费/不发货)	自定义运费(标准运费/不发货)	标准运费-减免百分比
巴西	90	标准运费		0.00%
若不在以上国家/地区内	69	标准运费		0.00%

图6-2-21 单独设置巴西运费

2. 场景二

(1) 假设目的地和运费的设置方式如图6-2-22所示。

目的地组合1：德国、波兰；运费：标准运费。

目的地组合2：其他国家；运费：卖家承担。

(2) 同时承诺运达时间的设置方式如图6-2-22所示。

目的地组合1：德国、西班牙,时效30天。

目的地组合2：其他国家,时效40天。

中国邮政挂号小包	线路代号：CPAM	线路计费方式	自定
目的地	承诺运达时间（天）	运费计费规则(标准运费/卖家	
德国	30	标准运费	
波兰	40	标准运费	
西班牙	30	卖家承担	
若不在以上国家/地区内	40	卖家承担	

图6-2-22 单独设置目的地及运费

任务评价

根据所学知识,完成图6-2-23的速卖通运费模板的导入导出流程图。(每空格为3分,共15分)

图6-2-23 速卖通运费模板的导入导出流程图

能力拓展

使用速卖通运费模板的导入导出功能,完成对意大利、德国目的国的运费设置。

1. 将目的国意大利设为标准运费,运费减免10%。
2. 将目的国德国设为按数量计费的方式,起始采购数1件,截止采购数1件,首批运费15＄,每增加1件,运费增加6＄。

单元七 跨境电商客户管理

在跨境电子商务行业中,卖家会遇到各种各样的问题,其中纠纷就是必须要面对的一个问题。店铺产生的纠纷过多,就会降低商品的曝光,影响买家的购物体验,导致客源流失,进而影响店铺的正常经营,卖家的利益也会受到影响。因此,想为买家提供高质量的购物体验,熟练掌握解决纠纷的方法也是卖家的必修课。

本单元主要介绍如何与跨境客户沟通,包括售前询盘处理以及售后中差评纠纷的处理。

任务 1 处理跨境电商询盘

学习目标

1. 能根据跨境电商询盘模板,快速处理客户常见问题。
2. 掌握与跨境消费者沟通的能力。

学习任务

学习客服工作职责,明确跨境电商与传统贸易在沟通上的相同点与不同点,利用沟通模版,快速处理客户常见问题。

任务分析

与客户沟通不畅是影响订单转化的关键问题。作为电商企业营销的"临门一脚",沟通环节在交易达成之前发挥着重要的作用。前面的工作做得再好,流量和线索再多,与客户沟通不畅,也很难转化为订单。因此,售前客服对于订单的转化起着非常关键的作用。

任务实施

一、客服的工作职责

客服解决售前问题,能够促进销售;解决售后问题,能够降低纠纷率。因此客服在沟通环节中发挥着重要的作用。简单来说,速卖通店铺客服的工作职责包括以下几点。

(1) 负责速卖通店铺的订单处理,包括发货、物流、跟踪库存及销售统计等。

(2) 负责速卖通订单留言及站内信的回复,并处理客户的投诉。

(3) 协助销售人员处理店铺的其他相关工作。

二、跨境电商与传统贸易在沟通上的相同点与不同点

1. 相同点

它们在时效性和完整性上是相同的。

(1) 时效性　是指无论传统贸易中的商业谈判还是速卖通的旺旺询盘、站内信,把握客户的节奏和时间并及时反馈,才能抢得先机。

(2) 完整性　是指沟通的全面性。客户只是简单询问了商品的价格,业务员也应该视情况向客户提供尽可能全面的商品信息,包括商品质量、用户回馈、关联商品、售后服务等。

2. 不同点

(1) 无法预知竞争　在传统贸易中可以和对手做更多的交流,与对方比较,看到自己的不足和对手的实力。但是在跨境电商交易平台上,每天都有成千上万的卖家在店铺里做着大小动作,往往无法及时对新出现的商情做出反应。当卖家在效仿或跟风的时候,已经说明慢人一步了。

(2) 终端消费者居多　这是由电子商务零售平台的特点所决定的。客户有网上购物经验,或者是愿意尝试网购的广大消费者,自己购买自己使用。因此,在商品的质量和价格上,和传统贸易的要求有所不同,在询盘沟通中应该抓住客户的群体特征。

(3) 更加注重人性化服务　以人为本是电子商务交易沟通的"生命线"。随着竞争的日益激烈,我们往往不是在拼价格、拼质量,更多的是在拼服务。所以要提供最人性化的服务,从最初的询盘到最后下单,每一步都应关注客户的心情、要求及顾虑。

三、客户咨询的常见问题

1. 沟通中的常见问题

(1) 无法完成下单　例如,买家无法点击【Acquista ora】和【Aggiungial carrello】。部分买家用手机客户端登录,看不到某些提示,所以没有选择规格,无法完成下单,如图 7-1-1 所示。客服应向顾客提示"Please choose the size you want, Sir"。

(2) 没有所需要的尺寸或颜色　有的买家在下单时发生选择尺寸、颜色等错误,会提出这样的问题:"I want light color, but there is on option there, what should I do?"客服可以向买家指引"Message box to seller",在选择产品之后的页面里可以注明特殊的需求。

2. 客服的沟通技巧

速卖通平台的优势决定了在交易中必须采用与以往不同的沟通方式。

(1) 及时地回复客户,经常检查邮箱、站内信等其他平台的买家消息。在买家询盘的 24 小时之内回复最有效果。

(2) 回复内容要专业和完整,符合 3C 原则(3C 原则是指清楚、简洁、礼貌)。

(3) 格式规范,不要忽略问候语、结束语等小细节。

单元七　跨境电商客户管理

图 7-1-1　用户购物页面

四、跨境电商询盘技巧

速卖通询盘回复中的沟通模版如下。

（1）催促下单，库存不多

Dear ×，

Thank you for your inquiry.

Yes, we have this item in stock. How many do you want? Right now, we only have × lots of the × color left. Since they are very popular, the product has a high risk of selling out soon. Please place your order as soon as possible. Thank you!

Best regards,

（name）

（2）回应买家砍价

Dear ×，

Thank you for your interests in my item.

I am sorry but we can't offer you that low price you asked for. We feel that price listed is reasonable and has been carefully calculated and leaves me limited profit already.

However, we'd like to offer you some discounts on bulk purchases. If your order is more then × pieces, we will give you a discount of ××% off.

Please let me know for any further questions. Thanks!

Sincerely,

（name）

（3）断货（out of stock）

Dear ×，

We are sorry to inform you that this item is out of stock at the moment. We will contact the factory to see when they will be available again. Also, we would like to recommend to you some other items which are of the same style. We hope you like them as well. You can click on the following link to check them out.

http://www.aliexpress...

Please let me know for any further questions. Thanks!

Best Regards,

(name)

(4) 周末回复不够及时　应先表示歉意,因为错过了最佳24小时回复时间,所以可主动打折赢取客户。

Dear ×,

I am sorry for the delayed response due to the weekend. Yes, we have this items in stock. And to show our apology for our delayed response, we will offer you 10% off. Please place your order before Friday to enjoy this discount. Thank you!

Please let me know if you have any further questions. Thanks!

Best Regards,

(name)

(5) 关于支付　选择Escrow,提醒折扣活动快结束了。

Hello ×,

Thank you for the message. Please note that there are only 3 days left to get 10% off by making payments with Escrow(credit card, Visa, MasterCard, money bookers or Western Union). Please make the payment as soon as possible. I will also send you an additional gift to show our appreciation.

Please let me know for any further questions. Thanks!

Best Regards,

(name)

(6) 合并支付及修改价格的操作

Dear ×,

If you would like to place one order many items, please first click "add to cart", then "buy now", and check your address and order details carefully before clicking "submit". After that, please inform me, and I will cut down the price to US$××. You can refresh the page to continue your payment. Thank you!

If you have any further questions, please feel free to contact me.

Best Regards,

(name)

(7) 提醒买家尽快付款

Dear ×,

We appreciated your purchase from us. However, we noticed you that haven't made the payment yet. This is a friendly reminder to you to complete the payment transaction as soon as possible. Instant payments are important. The earlier you pay, the sooner you will get the item.

If you have any problems making the payment, or if you don't want to go through with the order, please let us know. We can help you to resolve the payment problems or cancel the order.

Thanks again! Looking forward to hearing from you soon.

Best Regards,

(name)

Dear ×,

We appreciate your order from us. You have chosen one of the bestselling products in our store. It's very popular for its good quality and competitive price. Right now, we only gave × lots of × colors left. We would like to inform you that this product has a high risk of selling out soon.

We noticed that you hadn't finished the payment process for the order. We'd like to offer you a 10% discount on your order, if you purchase now, to ensure that the product doesn't sell out. We will ship your order within 24 hours once your payment is confirmed. If you need any help or have any questions, please let us know.

Best Regards,

(name)

PS: We are one of the biggest suppliers on AliExpress. With more than 3 years' experience in world trate, we are able to provide the best prices, the highest quality and the superior service. We inspect our products before shipping them out and provide a year warranty for all products. We promise to give you a full refund if the products are not as described.

(8) 订单超重导致无法使用小包免邮的回复

Dear ×,

Unfortunately, free shipping for this item is unavailable; I am sorry for the confusion. Free shipping is only for packages weighing less than 2 kg, which can be shipped via China Post Air Mail. However, the item you would like to purchase weighs more than 2 kg. You can either choose anther express carrier, such as UPS or DHL(which will include shipping fees, but which are also much faster). You can place the orders separately, making sure each weighs less than 2 kg, to take advantage of free shipping.

If you have any further questions, please feel free to contact me.

Best Regards,

(name)

(9) 关于海关税(customs tax)

Dear ×,

Thank you for your inquiry and happy to contact you.

I understand that you are worried about any possible extra cost for this item. Based on past experience, import taxes falls into two situations.

First, in most countries, it did not involve any extra expense on the buyer side for similar small or low-cost items.

Second, in some individual cases, buyers might need to pay some import taxes or customs charges even when their purchase is small. As to specific rates, please consult your local customs office.

I appreciate for your understanding!

Sincerely,

(name)

(10) 因为物流风险,卖家无法向买家国家发货时的回复

Dear ×,

Thank you for your inquiry.

I am sorry to inform you that our store is not able to provide shipping service to your country. However, if you plan to ship your orders to other countries, please let me know; hopefully we can accommodate future orders.

I appreciate for your understanding!

Sincerely,

(name)

(11) 发货并告知买家

Dear ×,

Thank you for shopping with us.

We halve shipped out your order (order ID：×××) on Feb. 10th by EMS. The tracking number is ×××. It will take 5 - 10 workdays to reach your destination, but please check the tracking information for updated information. Thank you for your patience!

If you have any further questions, please feel free to contact me.

Best Regards,

(name)

(12) 物流遇到问题

Dear ×,

Thank you for your inquiry; I am happy to contact you.

We would like to confirm that we sent the package on 16 Jan, 2012. However, we were informed package did not arrive due to shipping problems of the delivery company. We have re-sent your order by EMS; the new tracking number is ×××. It usually takes 7 days to your destination. We are very sorry for the inconvenience. Thank you for your patience.

If you have any further questions, please feel free to contact me.

Best Regards,

(name)

(13) 如果买家希望提供样品,而公司不支持样品

Dear ×,

Thank you for your inquiry; I am happy to contact you.

Regarding your request, I am very sorry to inform you that we are not able to offer free samples. To check out our products we recommend ordering just one the product(the price may be a little bit higher than ordering by lot). Otherwise, you can order the full quantity because every piece of our product is carefully examined by our working staff. We believe trustworthiness is the key to a successful business.

If you have any further questions, please feel free to contact me.

Best Regards,

(name)

五、辨别询盘的真假

收到询盘时,首先要判断是不是诈骗。出现以下特征的邮件或传真,必须仔细辨别。

(1) 未详细了解产品就确定巨额订单。

(2) 客户的要求或邮件内容明显超乎常规,如业内论个卖的东西,客户却问多少钱一斤,在商品要求的表述上漏洞百出;可以用电子邮件发送的东西,客户一定要快递,而且一开始就希望提供各种样品。

(3) 客户要求赴对方公司面谈,有时还特别强调情况紧急,签单在即;如果耽误了1分钟,则上百万的订单就可能丢失。

(4) 对于一些自称为大公司的客户,在搜索引擎上却难以搜索到,或者即使搜索到了,也是一些负面信息。

(5) 格式过于工整,以显示其非常正规。实际交易中的询价,大部分都不会像理论书籍上所描述的那样正规、死板,或多或少有些随意。

任务评价

回答下列问题。(共计11分)

1. 传统外贸与跨境电商有哪些区别?(6分)

2. 如何辨别询盘的真假?(5分)

能力拓展

一位美国客户在购买"连衣裙"时发现没有合适的尺码。请你作为客服,发一封回复的邮件。

任务 2　处理中差评纠纷

学习目标

1. 能够根据速卖通的评价规则和产生中差评的原因，避免中差评。
2. 学会处理交易纠纷。
3. 学会分析买家无法完成付款的原因。

学习任务

根据速卖通评价规则，及时处理中差评；根据速卖通纠纷提交和协商流程，处理交易纠纷；对于拍下而未付款的订单，分析无法完成付款的原因，引导买家完成付款。

任务分析

商品评价是买家获得产品反馈的重要途径。其中，差评对于买家的下单更是起着决定性的作用。由于交易纠纷直接影响店铺的综合服务指标，如果服务分值低，会造成商品的搜索排名靠后、曝光量下降、订单量减少等，形成恶性循环。因此，处理交易纠纷非常重要。有些买家选好商品并生成订单后，不知道如何完成付款，导致未付款的订单。卖家应当找到买家无法完成付款的原因，引导完成付款。

任务实施

一、处理中差评

（一）评价规则

平台的评价分为信用评价（seller summary）及店铺评分（detailed ratings）。信用评价包括好评率和评论内容，评论内容包括文字评论和图片评论。店铺评分是指买家在订单交易结束后以匿名的方式对卖家在交易中提供的商品描述的准确性（item as described）、沟通质量及回应速度（communication）、物品运送时间合理性（shipping speed）3 个方面服务作出的评价，是买家对卖家的单向评分。买卖双方可以互评，但只能由买家对卖家作出分项评分。

（1）所有卖家全部发货的订单，在交易结束 30 天内，买卖双方均可评价。如果买家提起未收到货纠纷且退款，退款结束后，交易结束 30 天内买卖双方均可评价，但不计入好评率。

（2）对于信用评价，买家评价即生效；双方都未给出评价，则该订单不会有任何记录。

（3）商家好评率（positive feedback ratings）、商品评分和店铺评分（feedback score）的计算方法如下。

① 系统自动判断，将订单计入好评率和商品分数。

② 补运费/差价、赠品类目、定制化商品等特殊商品的评价不计入好评率和商品分数。除以上情况之外的评价,都会正常计算商家好评率、商家/商品评分。不论订单金额,都统一为:四星、五星加1,三星为0,一星和二星减1。

(4) 评价档案包括近期评价摘要(包括会员公司名、近6个月好评率、会员起始日期)、评价历史(过去1个月、3个月、6个月历史累计的时间跨度内的好评率、中评率、差评率、评价数量)和评价记录(会员得到的所有评价记录、给出的所有评价记录以及在指定时间段内的指定评价记录)。

① 好评率=6个月内好评数量/(6个月内好评数量+6个月内差评数量)。

② 差评率=6个月内差评数量/(6个月内好评数量+6个月内差评数量)。

③ 平均星级=所有评价的星级总分/评价数量。

④ 卖家分项评分中,各单项平均评分=买家对该分项评分总和/评价次数(四舍五入)。

(5) 对于信用评价,买卖双方可以针对自己收到的差评回复作出解释。速卖通有权对异常订单对应的评价及销量作不计分、屏蔽、删除等处理。异常订单包括但不限于以下情形。

① 交易主体被排查为在注册、登录、交易、评价、退款、售后等环节明显异于正常交易的。

② 存在扰乱速卖通平台或商家经营秩序情形的订单。

③ 其他对终端消费者不具购物决策参考意义的订单。

(6) 速卖通有权删除评价内容中包括人身攻击或者其他不适当的言论。若买家信用评价被删除,则对应的卖家分项评分也随之被删除。

(7) 速卖通保留变更信用评价体系,包括评价方法、评价率计算方法、各种评价率等的权利。

(二) 可能导致中差评的因素

1. 商品图片与实物存在差异

有时候为了使商品更吸引眼球,会在图片处理上或多或少添加一些商品本身没有的效果。这样会给客户美好的预期,提高客户的期望值。然而,一旦收到实物后,与图片差别过大,买家就会非常失望,通常会在第一时间询问、投诉。

店铺应该主动地向买家解释,并提供原有图片。如果只是因小部分修图处理造成的色差,合理的解释还是可以赢得客户信任的。在解释过程中,要表现出对买家的重视,适当地给予下次订单的优惠和折扣。真诚的道歉可以将小事化了,争取好评。

卖家在上传商品图片的时候可以增加多角度的细节图,或者使用一张没有处理过的图片,尽量让买家有全面的视觉印象,避免投诉和差评。

2. 标题写了"free shipping",但收到货物之后还要收费

为了吸引买家下单,大部分卖家都会写上"free shipping",对大部分买家也做到了免邮。但是,由于一些国家的进口政策,比如美国超过500美元申报价值的货物,就要按照重量收取进口关税;加拿大和澳大利亚则是高于20美元的货物要收取关税;英国、德国等欧洲国家货物的申报价值必须是20～25美元,一旦超出将会征收更多关税。一旦有关税,买家必须

支付后才能拿到货物。因此，会遇到以下问题：

Why I should pay 25 pounds for the package, you told me that was free to ship, how could you lie to me? I am very disappointed.

还有一些比较极端的客户会因为支付额外的费用拒绝签收，这些都是潜在的差评和纠纷。因此，在发商业快递的时候，要注意填写的申报价值，对于货值很高的邮件应提前和客户沟通好。

3. 信用卡账户有额外扣款

速卖通平台针对买家的支付不收取费用，但建议买家联系银行，询问是否需要支付手续费。如买家通过 T/T 转账，买家的银行端一般需要收取一定的手续费，显示"Aliexpress charge"。

（三）如何避免差评

为了让买家获得更好的购物体验，必须做好各方面的准备。下面是总结的一些模版，供参考。

（1）当买家询问商品信息时，初次跟买家打招呼要亲切、自然，表达热情。尽量在初步沟通时把商品情况介绍清楚。

Hello, my dear friend. Thank you for your visiting to my store, you can find the products you need from my store. If there is not what you need, you can tell us, and we can help you to find the source, please feel free to buy anything! Thanks again.

（2）鼓励买家提高订单金额和订单数量，提醒买家尽快确认订单。

Thank you for your patronage, if you confirm the order as soon as possible, I will send some gifts. A good news: recently there are a lot of activities in our store. If the value of goods you buy count to a certain amount, we will give you a satisfied discount.

（3）发货之后提醒买家已经发货。

Dear friend, your package has been send out, the tracking NO. is ××× via DHL, please keep an eye on it, hope you love our products and wish to do more business with you in the future. Good luck!

Dear customer, we have sent the goods out today, and we can receive the tracking number after 12 hours later, we'll sent you message when we receive it.

The goods you need had been sent to you. It's on the way now. Please pay attention to the delivery and sign as soon as possible. If you have any questions, please feel free to contact me.

（4）当完成交易时应表示感谢，并希望客户再次购买。

Thank you for your purchase, I have prepared you some gifts, which will be sent to you along with the goods. Sincerely hope you like it. I'll give you a discount, if you like to purchase other products.

（5）在采购季节，根据经验可以给买家推荐热销产品。

Hi friend,

Christmas is coming, and Christmas gifts have a large potential market. Many buyers bought them for resale in their own store, it's high profit margin product, here is our Christmas gift link, please click to check them, if you want to buy more then 10 pieces, we also can help you get a wholesale price. Thanks.

Regards

(6) 对于已经下单却还未支付的订单,应及时提醒买家尽快付款。

Dear, thank you for your support! We will send out the package as soon as possible after your payment.

Friend, Best wishes to you! Besides, we have two shipping method here: DHL and UPS both can be delivered within 3 – 5 days. If you only accept DHL, just note it under the order. If you prefer UPS, note at your order as well dear. Thank you.

(7) 订单被 AliExpress 关闭时。

Dear, you order has been closed because your credit card has not been approved by the Aliexpress, if you want the product now, we have prepared for you and you can put a new order. Besides, you can pay through western union, t/t payment or money bookers payment too. Also, please contact with the Ali initiatively! Good luck!

(8) 大量订购询问价格。赶上采购季节,一定要抓住机会,回复一定要详尽,内容一般包括样品的价格、样式、采购量和产品价格。这个报价建议是包括运费的,而且价格要相对有优势,让买家感觉到有优惠。

Hi friends. Thank you for your inquiry, we very much hope to complete the order with you for me, here is the products link you need. If you buy 100 pieces, we can give you a wholesale price, $25/piece. If you have any idea, please let us know, and we will try our best to help you. Looking forward your reply.

(9) 海关问题。某些国家海关的严格检查造成货物延误,应及时通知买家。及时的沟通让买家感觉卖家一直在跟踪货物的状态,是负责的卖家,更避免造成误会。

Dear friends,

We received notice of logistics company, now your customs for large parcel periodically inspected strictly, in order to make the goods sent to you safety, we suggest that the delay in shipment, wish you a consent to agree. Please let us know as soon as possible. Thanks.

(10) 退换货问题。

Dear friend, I'm sorry for the inconvenience. If you are not satisfied with the products, you can return the goods back to us.

When we receive the goods, we will give you a replacement or give you a full refund. We hope to do business with you for a long time.

We will give you a big discount in your next order.

Best Regards

(四) 如何解决差评

1. 由于质量问题产生的差评

单纯由于质量问题产生的差评比较好解决。首先,收到差评之后及时和买家联系,询问不满意的具体原因,让买家提供相应的照片。从出货记录中查找相同时间范围内其他产品的反馈,分析库存中的货物质量。如果确实存在买家反映的问题,应积极解决。通过退款或换货的方式,让买家满意并且修改评价。

2. 由于买家个人使用不当产生的差评

由于买家个人使用不当产生的差评,有两种解决方案:第一,如果以消除差评为主要目的,应该和买家仔细解释为什么会出现这样的质量问题,在使用操作过程中存在哪些错误,最后和卖家商量如何使其满意并修改差评;第二,回复差评并附上产品的使用说明及事项,这种方法可能是大多数卖家在无法解决差评时不得不采取的方法。

3. 买家要求的细节没有得到满足产生的差评

有很多买家下单时会在订单里留言,例如,"这是为了我的婚礼准备的,请你不要让我失望"等信息。应该交代出货人员特别注意该订单的质量和包装;客户买了非常便宜的产品,但是从询盘的态度上又可以看出他又很期待。为了避免差评,应该考虑亏一点成本去满足这个客户的心理预期。

为了满足客户的各种细节要求,在发货之前应揣摩客户的心理,一些差评是完全可以避免的。

二、纠纷处理

(一) 纠纷裁决流程

速卖通纠纷提交及协商流程图如图 7-2-1 所示。

(1) 卖家发货并填写发货通知后,如果买家没有收到货物或者对收到的货物不满意,可以在卖家全部发货 5 天后申请退款(若卖家设置的限时达时间小于 5 天,则买家可以在卖家全部发货后立即申请退款),卖家提交退款申请时纠纷即生成。

(2) 当买家提交或修改纠纷后,卖家必须在 5 天内接受或拒绝买家的退款申请,否则订单将根据买家提出的退款金额执行。

(3) 如果买卖双方协商达成一致,则按照双方达成的退款协议操作;如果无法达成一致,则提交至速卖通裁决。

① 买家可以在卖家拒绝退款申请后提交至速卖通裁决。

② 若买家第一次提起退款申请后 15 天内未能与卖家协商一致达成退款协议,买家也未取消纠纷,第 16 天系统会自动提交速卖通裁决。

③ 若买家提起的退款申请原因是"货物在途",则系统会根据限时达时间自动提交至速卖通裁决。

(4) 为改善买家体验和增强其对速卖通平台及卖家平台的信心,速卖通鼓励卖家积极与买家协商,尽早达成协议,减少速卖通平台的介入。如果纠纷提交至速卖通,速卖通会根据双方提供的证据,一次性裁决。卖家必须接受速卖通的裁决。并且,如果速卖通发现卖家

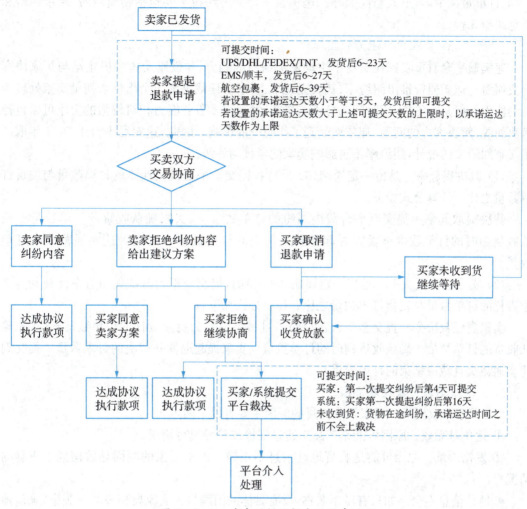

图7-2-1 速卖通纠纷提交及协商流程

有违规行为,会给予处罚。

（5）纠纷提交至速卖通裁决后的两个工作日内,速卖通会介入处理。

（6）如买卖双方达成退款协议且买家同意退货,买家应在达成退款协议后10天内完成退货发货,并填写发货通知,速卖通将按以下情形处理。

① 买家在10天内填写发货通知,则结束退款流程,交易完成。

② 买家10天内写填写发货通知,卖家30天内确认收货,速卖通根据退款协议执行。

③ 买家在10天内填写发货通知,30天内卖家未确认收货且卖家未提出纠纷,速卖通根据退款协议执行。

④ 在买家退货并填写退货信息后的30天内,若卖家未收到退货或收到的货物不对版,卖家也可以提交到速卖通裁决。

（二）如何处理交易纠纷

交易纠纷直接影响店铺的综合服务指标。分值低会造成产品的搜索排名靠后、曝光量下降、订单量减少等，形成恶性循环。速卖通平台交易纠纷主要包括物流纠纷、质量纠纷和恶意纠纷 3 种。

1. 衡量卖家处理纠纷能力的指标

速卖通平台看重卖家在交易中主动避免纠纷的能力，并鼓励卖家积极主动与买家协商解决纠纷。速卖通曾推出纠纷率、裁决提起率、卖家责任裁决率 3 个指标来衡量卖家处理纠纷的能力。但是，经过一段时间的分析与研究，发现很多服务能力相对较强的卖家可以自行解决纠纷、解决客户的问题，却依然受到了纠纷率的影响。因此，速卖通平台于 2014 年取消了卖家纠纷率的统计，纠纷率不再影响卖家的考核与评级。

（1）裁决提起率　是指一定周期（30 天）内，提交至平台裁决纠纷的订单数量与发货订单数量之比。计算公式如下：

裁决提取起率＝提交至平台裁决纠纷的订单数量÷（买家确认收货的订单数量＋确认收货超时的订单数量＋卖家提起退款并解决的订单数量＋提交到速卖通裁决的订单数量）。

（2）卖家责任裁决率　是指一定周期（30 天）内，提交至平台裁决纠纷且最终被判为卖家责任的订单数量与发货订单数量之比。计算公式如下：

卖家责任裁决率＝提交至平台裁决纠纷且最终被判为卖家责任的订单数量÷（买家确认收货的订单数量＋确认收货超时的订单数量＋卖家提起退款并解决的订单数量＋提交到速卖通裁决且裁决结束的订单数量）。

2. 常见交易纠纷及处理办法

（1）买家未收到货　买家未收到货的原因主要有以下两点。

① 运单号无效。原因可能是产品未通过安检或单号填写错误。

② 发错地址。原因可能是收货地址信息不正确。由于买家的原因导致信息不正确的情况有：

● 地址信息不全。如只有城市名称，没有具体的门牌号。卖家要积极联系买家，确认地址是否能收到货。如果联系不上买家，可以拒绝发货。这种情况导致成交不卖的订单，可以通过平台客服申诉。

● 卖家地址填写错误。应及时联系买家，并且保留发货凭证。确认货物无法妥投会被退回后，应尽快重新发货。

● 俄罗斯买家要写全名，姓名一般为 3 个单词。如果收货人姓名不全，同样需要联系买家核实。

③ 卖家私自变更物流方式。由于卖家运费设置错误或备货期耽误了发货时间，私自变更物流方式，很有可能导致丢包、延迟交货。建议卖家在买家同意的情况下再变更物流方式。保留买家同意变更方式的记录，作为后期产生纠纷时的证据。

（2）运输途中产生的纠纷　如果在运输途中发生意外，需要卖家重新发货。卖家需要提供证据证明买家同意重新发货并且愿意等待，系统平台会重新计算送达时间。运输途中若发生意外，应积极主动与买家协商解决，争取获得买家的谅解。

（3）海关扣留　货物不符合海关的要求，会被进口国海关扣留。原因包括但不限于以下几点。

① 进口国限制进口的商品。
② 被海关查扣的侵权产品或申报价值与实际价值不符的商品。
③ 不能以买家个人名义进口的商品。
④ 关税过高,买家不愿意清关的商品。
⑤ 订单货物属于假货、仿货或违禁品,直接被进口国海关销毁。
⑥ 货物申报价值与实际价值不符,买家须在进口国支付处罚金的商品。
⑦ 卖家无法出具进口国需要的卖家应提供的相关文件。
⑧ 买家无法出具进口国需要的买家应提供的相关文件。

速卖通平台在接到海关纠纷裁决之日起的 2 个工作日内,会提醒买家或卖家在 7 天之内提供相关证据,据此确认责任并裁决。卖家在货物发出之后应及时关注物流情况,与买家和物流公司保持联系。出现异常应,及时了解扣留的原因,并尽可能提供相关信息及证据。

(4) 实际货物与订单约定的货物不符(货不对版) 主要表现为与商品描述不符、商品存在质量问题、货物存在破损情况、货物数量缺少、销售的是假货等。

若买家发现货不对版并通过举证立案,卖家 5 天内必须响应。在此期间,卖家应该积极与买家协商。卖家一般都可以与买家约定好退款金额,减少双方的损失。双方协商一致,平台会关闭案件;若协商不一致,则平台会核实所有的举证信息,进一步裁决。

如果是商品存在质量问题,可以与卖家协商退货、退款,或保留货物退还部分货款。只要买家接受解决方案,就可以协商解决纠纷。

(5) 恶意纠纷 卖家检查商品及订单信息后,确认不存在买家所说的问题,就很有可能是买家故意造成的恶意纠纷。针对这种情况,卖家要上传证据,正大光明地拒绝纠纷,等待平台裁判。建议分 3 步走:拒绝纠纷,上传证据;举报该恶意买家;拉黑。如果核查确实是由于卖家的原因造成的,再次沟通时语气一定要平和,并积极响应买家提出的补偿条件。

(三) 如何避免纠纷

纠纷一旦产生,不仅卖家花费时间和精力去解决,还会拉长订单的回款周期,甚至会导致客户流失,失去吸引客户二次消费的机会,因此在交易中应该尽量避免纠纷。

1. 避免"未收到货"类纠纷

卖家重点做好物流选择,与买家有效沟通。

(1) 选择最优的物流方式 国际物流往往存在很多不确定因素,如海关问题、关税问题和派送转运等,这些复杂的情况很难控制,因而不可避免地会出现包裹清关延误、派送超时甚至包裹丢失等情况。买家长期收不到货物或无法查到物流信息,很可能发起纠纷。

无跟踪信息的快递方式也无法提供全面的物流保障。若买家发起"未收到货"的纠纷,而货物信息无法跟踪,会对卖家的举证造成不利影响。因此,卖家在选择物流方式的时候,应该结合不同地区、不同快递公司的清关能力及包裹运输期限,选择物流信息更新及时、运输时效更佳的快递公司。

如需货代公司帮助发货，应该选择正规、能提供发货与退货保障的货代公司，最大限度地保证自己的利益不受损害。总地来说，卖家在选择快递方式时，应该权衡交易中的风险与成本，尽可能选择可提供实时查询货物追踪信息的快递公司。

(2) 与买家有效沟通　卖家要及时向买家提供物流跟踪信息。一旦物流方面出现问题，一定要积极主动地向卖家说明具体情况。

① 包裹延误。卖家要向买家详细解释包裹未能在预期时间内送达的原因，以获得买家的谅解。

② 包裹因关税未缴被扣关。向买家解释清楚已在商品描述中注明的买家缴税义务。此时可以提出为买家分担一些关税，这样不仅能避免商品退回，而且能让买家为卖家十足的诚意而给予好评高分。

③ 包裹无人签收。包裹因无人签收而暂存在邮局，应及时提醒买家找到邮局留下的字条，在有效期内尽早领取。

2. 避免"货物与约定不符"类纠纷

卖家应为买家提供真实的商品描述，保证商品质量，不销售假货。

(1) 提供真实、全面的商品描述　在编辑商品信息时，要从事实出发，全面而细致地描述商品。例如，电子类商品需要全方位说明商品的功能及使用方法，避免买家收到货后因无法合理使用而提起纠纷；服饰、鞋类商品，建议为买家提供尺码表，以便买家自主选择，避免买家收到货后因尺寸不合适而发起纠纷。

不能因急于达成交易而欺骗买家。商品描述中对于商品的瑕疵和缺陷也不应隐瞒。可以在商品描述中注明货运方式、可送达地区、预期所需的运输时间。此外，卖家还应该在商品描述中向买家解释海关清关缴税、商品退回责任和承担方等问题。

(2) 保证商品质量　卖家要充分检查商品，包括商品的外观是否完好、功能是否正常、是否存在短装、邮寄时的包装是否抗压抗摔适合长途运输等。如果发现商品存在质量问题，应及时联系厂家或上游供应商更换，避免因商品质量问题引起纠纷而造成退换货。因为退换货物会产生极高的运输成本。

(3) 杜绝假货　全球速卖通重视保护第三方知识产权，并为平台会员提供安全的交易场所。非法使用他人的知识产权是违法行为，也是违反速卖通政策的。

如果买家提起纠纷，投诉卖家"销售假货"，而卖家无法提供商品的授权证明，将被速卖通平台直接裁定为卖家全责。卖家在遭受经济损失的同时，还将受到平台相关规则的处罚。因此，一定不要在速卖通平台上销售涉及第三方知识产权且无法提供授权证明的商品。代理授权的商品必须有品牌授权书。

三、处理无法完成付款

针对买家提出的付款问题，卖家一定要做好引导工作。有些买家选好商品并生成订单后，不知道如何完成付款，导致商品被拍下来而未付款的订单。卖家设计商品详情页的时候，可以在页面底部设计支付模板，引导买家通过 PayPal（国际贸易支付工具）完成支付。在速卖通平台上，可以采用多种付款方式，买家一般都可以顺利完成付款。

1. 买家不能使用信用卡支付或支付失败

买家不能使用信用卡支付或支付失败的主要有以下原因。

（1）买家使用了借记卡、Business Card（商务卡）、虚拟卡等支付方式。建议买家使用信用卡进行支付。

（2）账户余额不足。

（3）买家的信用卡未开通 3D 密码授权。建议买家联系发卡银行询问 3D 密码。

（4）买家支付未通过风险审核。让买家登录相关网站，核实是否有待申诉的事项。如果有，应提交申诉，申诉通过后再次尝试支付。

（5）银行拒绝。建议客户联系银行核实原因后重试。

（6）其他原因造成的支付不成功。支付页面上会有相应的提示信息，建议买家根据提示信息操作。

2. 速卖通平台的支付方式无法满足买家的付款需求

目前速卖通支持的支付方式有以下几种。

（1）信用卡　Visa、MasterCard。

（2）俄罗斯本地支付　Qiwi、Yandex. money、Webmoney、RBK Money。

（3）巴西本地支付　Boleto、Mercado pago、Safetypay、Online banking。

（4）欧洲本地支付　iDEAL、Sofort、Giropay、Przelewy24。

（5）印尼支付　DOKU。

每个国家都有自己的在线支付（如中国有支付宝）方式，有时平台的支付无法满足买家的付款需求，可以通过 Payssion 网站解决，其首页如图 7-2-2 所示。

图 7-2-2　PAYSSION 网站首页

步骤 1：平台商户注册 Payssion 的账户，如图 7-2-3 所示。

步骤 2：生成单页链接，如图 7-2-4 所示。

步骤 3：获得单页链接，复制链接发到买家邮箱，如图 7-2-5 所示。

步骤 4：买家点击单页链接，选择国家，再跳转到本国的支付系统列表，如图 7-2-6 所示。

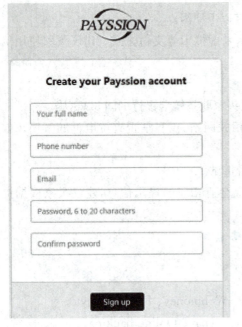

图 7-2-3 注册 Payssion 账户

图 7-2-4 生成单页链接

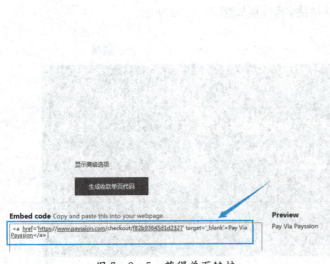

图 7-2-5 获得单页链接

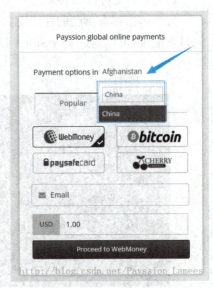

图 7-2-6 跳转到本国支付系统列表

3. 无法完成付款的原因解答

买家：Why did my payment fail?

客服：If your payment for an order has failed, please check it is not due to the following situations: card security code failed.

- Please note that an incorrect card security code could cause payment failure. Card security code is the short numeric code on the back of your credit card. Please verify that you have entered the correct card security code and try again.

- Insufficient fund.

If you meet the insufficient fund error log when you make payment by credit card, please make sure that you have sufficient funds in your account and that payment for your order does not exceed your credit limit.

Please also make sure you have used a Visa or MasterCard personal credit card to finish payment, because at present debit card or business card is unable to be supported.

The credit card type that we accept:

When you choose Visa and MasterCard as payment methods, please make sure you Visa or MasterCard is a personal credit card. The following types of credit cards are currently unable to be accepted: charge cards business/commercial cards, Visa and MasterCard debit card.

- Exceed limit.

Please make sure the order amount does not exceed your credit card limit, or the payment is unable to go through smoothly.

- The 3-D security code failed.

Please make sure that:

Your credit card should be authorized by your credit card issuer to make an online payment by activating 3-D security code.

Your credit card has activated 3-D security code. If you have not activated 3-D security code, please contact your card issuer with this issue.

The 3-D security code for Visa is called verified by Visa (VBV) and for Master Card is called MasterCard secure code.

任务评价

根据所学知识,完成图7-2-7的纠纷提交及协商流程图。(每空格为3分,共计24分)

能力拓展

根据所学知识,完成以下任务。

(1)一位美国客户在收到货之后,提出退款申请,作为卖家你该如何处理?

(2)一位买家在下单的时候没有找到合适的付款方式,请你分析无法完成付款的原因,并引导买家完成付款。

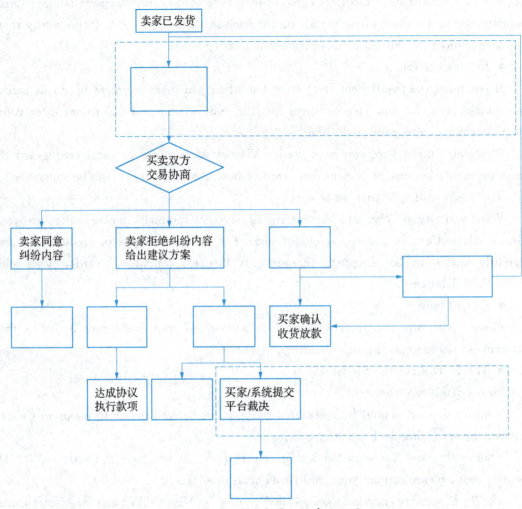

图 7-2-7 纠纷提交及协商流程图

单元八　Shopee 无货源店群模式

近年来,随着欧美市场贸易保护措施越来越多,东南亚、中东等新兴市场得到了快速的发展,吸引了越来越多的中国卖家进入这些新崛起的蓝海市场。Shopee(虾皮)作为东南亚领航电子商务平台,自 2015 年 6 月推出以来,快速发展。2018 年,Shopee 成交总额(GMV)达 103 亿美元,社群媒体粉丝数超过 3 000 万,全球活跃卖家达 700 万,其 APP 下载量超过 2 亿人次,并拥有 8 000 名员工。短短几年,Shopee 就从一个新兴电商平台一跃成为跨境电商平台巨头之一。

本单元主要介绍 Shopee 无货源店群的操作方法,包括分析东南亚电商市场、Shopee 后台的基本操作和关键词广告的大促运营。

任务 1　东南亚电商市场和无货源模式

学习目标

1. 学会根据东南亚市场的特点,分析东南亚电商市场。
2. 熟悉 Shopee 平台的基本特点。
3. 学习无货源模式的原理、优势及提高运营效率的方法。

学习任务

掌握东南亚地区环境、Shopee 各站点特点,分析东南亚的电商市场。学习无货源店群模式的原理,并根据 Shopee 平台的特点,找到提高运营效率的方法。

任务分析

东南亚是一个体量大且高速增长的市场,2018 年东南亚市场 GDP 达到 2.894 万亿美元,互联网普及率高、年轻化、移动化、社交化都是它的重要特点。Shopee 作为东南亚领航电商平台,为卖家提供了一站式跨境卖家解决方案,从流量、物流、孵化、语言、支付、ERP 等 6 个层面全方位帮助跨境卖家成长。

无货源店群模式是 Shopee 平台最常用的运营方法,什么是无货源模式?什么是店群模式？无货源模式如何发货？解决这些问题就需要学习无货源店群模式的原理，并结合 Shopee 平台的特点，找到提高运营效率的方法。

任务准备

1. 移动端信息设备，Shopee（虾皮）马来站应用 APP 软件。
2. B2C、C2C 平台：Shopee 马来站 https://shopee.com.my/。

知识储备

Shopee 隶属于母公司 Sea（前身是 Garena），是目前东南亚及中国台湾地区的互联网企业。Sea 的名称是因为扎根于拥有 5.85 亿人口的泛东南亚地区（Greater Southeast Asia），如图 8-1-1 所示。

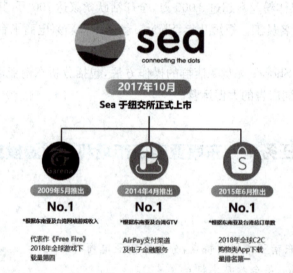

图 8-1-1　Shopee 深耕东南亚与台湾市场

Sea 由华人创业家 Forrest Li 于 2009 年创立于新加坡，覆盖新加坡、马来西亚、菲律宾、越南、印度尼西亚、泰国和中国台湾地区市场，旗下包括网络游戏品牌 Garena、电商平台 Shopee 与数字支付服务 AirPay。Sea 于 2017 年 10 月在纽约证券交易所上市，是首家于纽交所上市的东南亚互联网企业。

2015 年，Shopee 作为 Sea 旗下的电商业务平台，在新加坡成立，后拓展至马来西亚、泰国、印度尼西亚、越南及菲律宾等市场。

2016 年，Shopee 进入中国，并在深圳设立总部，全面开启中国跨境业务。

2018 年 10 月，Shopee 在华东区新办公室开业，团队扩至 200 余人。

2019 年 4 月，深圳总部搬新，全新办公室坐落深圳科技园核心，面积覆盖 10 层写字大楼，全面扩大卖家与人才招募。Shopee 跨境业务团队专为中国跨境卖家打造一站式跨境解决方案，提供流量、物流、孵化、语言、支付和 ERP 的全流程支持。

2019 年 7 月，Shopee 上线 Shopee 一店通（Shopee International Platform，SIP）服务，为

卖家提供东南亚跨境电商一站式解决方案。卖家开通 Shopee 7 大站点中一个站点的店铺后,就可以同时开通其他站点的店铺。

2019 年 11 月,Shopee 发布了专业直播(KOL)代理服务。平台通过与专业机构达成合作,为有相关需求的跨境卖家提供本土 KOL 主播服务。

任务实施

第 1 步:东南亚市场概述

1. 东南亚地区简介

东南亚(Southeast Asia,SEA)位于亚洲东南部,包括中南半岛和马来群岛两大部分。东南亚地区共有 11 个国家,即越南、老挝、柬埔寨、泰国、缅甸、马来西亚、新加坡、印度尼西亚、文莱、菲律宾、东帝汶,面积约 457 万平方千米。2014 年的全球统计数据显示,东南亚人口已达 6.25 亿。2018 年,由谷歌和淡马锡联合发布的《东南亚电子商务报告》显示,所研究的 6 个国家(印度尼西亚、马来西亚、菲律宾、新加坡、泰国和越南)在 2015 年仅有 2.6 亿互联网用户,而 2018 年已经拥有 3.5 亿多用户,2020 年,网民数量预计将到达 4.8 亿人。随着智能手机的普及,以及移动通信服务速度和可靠性的快速提升,这一数字将会继续增加。

2. 移动互联网的原住民

在互联网用户的数量上,东南亚具有极为突出的优势。2018 年,东南亚的互联网用户数已超过 3.5 亿;预计在未来 5 年中,每天会有约 12 万新的互联网用户。也就是说,基本上每个月就有接近 380 万的用户在东南亚市场产生,东南亚很可能是 2015~2020 年间全球增长最快的互联网市场。此外,与欧美主流国家不同的是,东南亚并没有经历互联网 PC 端时代,而是直接跳跃进入移动时代,如图 8-1-2 所示。

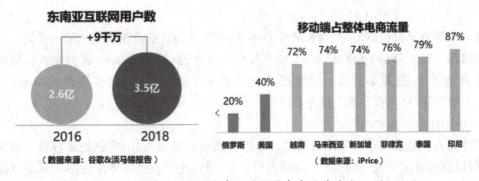

图 8-1-2 电商流量主要来自于移动端

在智能手机逐渐普及后,东南亚互联网用户每人每天在移动端上花费的时间约为 3.6 小时,其中排名第一的泰国互联网用户为 4.2 小时;其次是世界上第三人口国印度尼西亚,为 3.9 小时。值得注意的是,在东南亚人口中,有超过 50% 的人年龄处于 30 岁以下,且以"00 后"居多。这些千禧一代非常依赖从移动设备获取信息、购物。东南亚当地人酷爱 Facebook(脸书网),2.5 亿的用户都在使用 Facebook,不难看出该市场社交化的特征显著。

东南亚地区的互联网用户数量和移动互联网具有原住民的属性,使东南亚成为拥有巨大商机的新兴蓝海市场。

3. 东南亚市场跨境电商潜力巨大

互联网的普及为电子商务的成长奠定了基础,而年轻化的人口则提供了强劲的购买力。公开资料显示,2016 年,东南亚电商零售额占零售总额的 1.3%,远低于中国的 17.1%,发展仍处于"原始期"。专家预测,到 2025 年,东南亚电商市场总额将超过 1 020 亿美元,年复合增长率达到 34%。所有东南亚电商市场的总额都将超过 50 亿美元。Euromonitor International(欧睿)曾预计,就东南亚地区 6 个主要市场而言,2015~2030 年间的总体消费支出将从 13 360 亿美元增长到 27 580 亿美元。

印度尼西亚绝对是一个令人瞩目的明星市场。据摩根士丹利的数据,在 2017 和 2018 年两年里,印度尼西亚市场以每年 50% 的幅度增长。2018 年,印度尼西亚市场规模已达 130 亿美元,至 2025 年其将发展至 530 亿美元的市场规模。除智能手机渗透率的提高之外,流量数据成本较低及开设银行账户人数的与日俱增也是推动印度尼西亚电商市场持续增长的关键因素。

第 2 步:东南亚电商市场分析

1. 台湾和马来西亚站点

目前注册 Shopee,无法和亚马逊一样选择站点,首站点随机分配:中国台湾地区和马来西亚,这两个站点也是目前最成熟和出单快的站点。台湾站点客单价最高,物流时效为 5 天左右,发圆通即可,而且可以直接中文沟通,适合淘宝、天猫、京东转型跨境电商的卖家;马来西亚的消费力逐年在提高,时效为 7~10 天,主要用英文沟通,适合亚马逊、Wish、速卖通等跨境电商平台卖家拓展东南亚市场。由于这两个站点是首选站,所以也是中国卖家最多最集中的站点,价格战很激烈。

2. 印度尼西亚和泰国站点

这两个站点是目前 Shopee 增长最快的站点,将来也会是东南亚电商的第一和第二大市场。但这两个站点都是小语种国家,不能直接用英文沟通,虽然 Shopee 官方提供客服和热销产品翻译服务,但效率较低。印度尼西亚还是一个多种族文化、多宗教的国家,每隔 50 km 一种口音,每几百千米一种方言。

3. 菲律宾和越南站点

菲律宾人口数量在东南亚排名第二。菲律宾站点相对完善,出单也比较容易。最重要的是,可以直接英文交流。缺点是:菲律宾是亚太地区,电子商务技术采用率最低的国家之一。越南人口在东南亚排名第三,市场潜力巨大。缺点是:越南是小语种国家,不能用英文交流(但并没妨碍它成为转化率最高的站点)。

4. 新加坡站点

新加坡是一个非常发达的国家,领航东南亚电商市场,也是 Shopee 总部所在地。新加坡华人居多,中英文交流都没问题,电商基础建设也是东南亚最好的,物流速度也比较快。其实,从互联网发展水平,以及消费者群体特点等方面来看,新加坡都跟 Shopee 其他站点不一样。缺点是:市场较小,发展空间有限。

5. 首站做好后选择站点

无论是马来西亚还是台湾站点，只要总共出了 5 单，就可以找运营经理开通下一个站点，建议开通印度尼西亚和泰国站点。内贸卖家站点选择如图 8-1-3 所示，外贸卖家站点选择如图 8-1-4 所示。

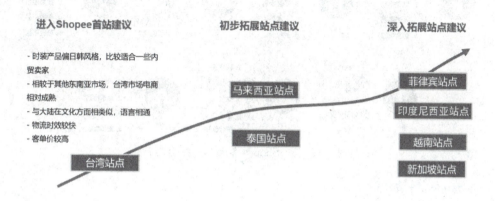

图 8-1-3　内贸卖家站点选择

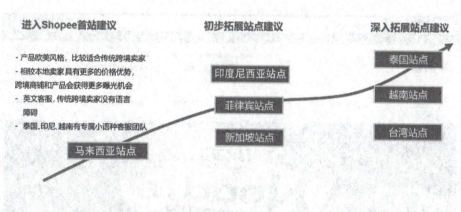

图 8-1-4　外贸卖家站点选择

接着开通菲律宾和越南站点，因为跨境电商的两个重要因素：购买力和人口。菲律宾和越南是东南亚的第二和第三人口大国。菲律宾站点出单也不难，只要做到本土化选品即可，而且可以直接英文沟通；越南站点是小语种站点，出单量虽然不多，但数据统计结果显示，越南站点是转化率最高的站点。

最后是新加坡站点，因为新加坡人口只有不到 700 万，人口实在太少。

第 3 步：Shopee 平台简介

1. Shopee 的热销品类

Shopee 是一个备受用户青睐的移动电商平台，其中女性用户更青睐服装配饰、美妆、母婴用品、家居装饰、流行鞋包等主要品类，而男性用户则更喜欢 3C 电子、男装、户外用品等类目。目前,在 Sopee 覆盖的 6 大市场中,各市场普遍热卖的品类主要有 3C 电子、服装配饰、母婴用品、家居装饰、美妆、保健等,如图 8-1-5 所示。

图 8-1-5　Shopee 各大站点热卖类目

2. Shopee 网站介绍

目前买家和卖家使用的是同一网站。

(1) Shopee 买家端网址　在 Shopee 买家端页面,买家可以浏览、搜索、购买产品等,如图 8-1-6 所示。

图 8-1-6　Shopee 台湾站首页

Shopee 买家端登录网址如下。

新加坡市场:https://shopee.sg/。

马来西亚市场:https://shopee.com.my/。

印度尼西亚市场:https://shopee.co.id/。

泰国市场:https://shopee.co.th/。

菲律宾市场:https://shopee.ph/。

越南市场：https://shopee.vn/。

（2）卖家端网址　Shopee 卖家端即 Shopee 卖家中心，可以帮助卖家刊登商品、创建商品分类目录、处理订单、装修店铺、参加平台活动、收款等一系列操作，如图 8-1-7 所示。

图 8-1-7　卖家中心首页

Shopee 卖家中心登录网址如下。

新加坡市场：https://seller.shopee.sg/。

马来西亚市场：https://seller.shopee.com.my/。

印度尼西亚市场：https://seller.shopee.co.id/。

泰国市场：https://seller.shopee.co.th/。

菲律宾市场：https://seller.shopee.ph/。

越南市场：https://seller.shopee.vn/。

第 4 步：无货源店群模式运营技巧

1. 店群模式和 Shopee 无货源模式

无货源是指卖家本身没有任何货物，也不囤货和发货，通过软件采集别人的产品，上到自己的店铺，如淘宝、拼多多店铺，或者跨境店铺中，然后通过系统加价的方式来获取利润。

无货源店群模式指的是，通过大量的开店形成裂变，一个店铺有几千个商品，每天出几单，然后通过开店复制下去，形成店铺的产业群。

平台刚刚诞生时，总是会需要海量商品来满足买家的需求，只有买家选择的商品多了，平台更加丰富了，买家才会越来越多。很多平台在刚兴起的时候都会经历这一阶段：鼓励商家大量铺货，通过海量铺货来满足平台和买家的需求，对新品上新扶持的流量非常大。

上新的流量比较容易获取，所有才会有无货源这个模式。这个模式不需要任何广告费用，通过多开店铺，尽可能大量铺货，通过海量的 SUK 上架来获取利润。

总体来看，Shopee 现在相当于 2017 年的拼多多，2013、2014 年的淘宝。

每个站点下单量高峰期不同：马来西亚站为 14:00～16:00；台湾站和新加坡站为 20:00～00:00；印度尼西亚站为 10:00～12:00；菲律宾站下单时段较为分散，全天均可上新；

越南站早上下单人数较多。做好选品,贵在坚持,定时定量上新,上新的时候可以配合关注粉丝。

2. Shopee 有货源和无货源的物流程序

(1) 有货源　由自己打包。需要包装两层,第一层(里面那层)包装上粘贴到台湾买家的地址的面单(国际物流面单),第二层包装上粘贴卖家地址到 Shopee 仓库的地址,然后直接寄到仓库去。

(2) 无货源　卖家从国内淘宝或者其他平台下单,寄到卖家地址,然后重复有货源的操作。由于 Shopee 有发货时间规定,可能会导致超时发货,所以最好找距离近的个人中转仓,代替卖家打包、粘贴国际物流面单,然后直接送到 Shopee 仓库去。

第5步:提高运营效率

Shopee 卖家采取 Shopee 店群方法,提高店铺运营效率方法如下。

1. 找到不同地区买家的区别

Shopee 卖家名下不同站点的店铺,针对的买家群体也不相同,比如消费水平、宗教信仰、消费习惯等。不能够对所有站点的店铺采取一视同仁的态度,而要考虑到其区别,比如考虑宗教信仰因素等。

2. 人员和资金的投入

做 Shopee 店群最常见的问题,就是店铺的工作量增大,工作人员需求也会更多。而且因为站点多了,不同站点的店铺推广运营的资金投入也会大大增加,所以也需要尽量控制店铺的成本,降低商品的引流和推广成本;在人员安排上,可以采用业务外包或者是兼职等方法,和招聘正式员工相比,会减少一定成本。

3. 基础信息依旧是最重要的方面

不论哪一个站点的店铺,优化店铺和商品的基础信息始终是运营最重要的方面,如美观的商品主图、高质量的商品标题等,这些也会对店铺经营数据产生直接影响。

4. 不要在多个店铺上架相同商品

多个店铺上传相同商品,不作任何修改,会被判定为重复上架商品,将面临删除商品和处罚。因此在上架商品的时候,在不同站点需要修改相应信息。

5. 站内引流技巧

(1) 类目

① 侧重性价比较高的潮流商品,及时掌握热卖商品并上架销售。

② 根据目标客户群选品,60%~70%的用户均为年轻女性,故应关注女性潮流商品。

③ 根据重点品类选品,如流行鞋服、美妆保健、母婴用品、手表配饰、家居装饰、男性服饰。

(2) 搜索

① 根据热搜词和标签优化商品名称和描述。

② 通过热搜词,卖家可以掌握热销商品,并根据热搜词优化商品描述,提高商品搜索曝光率。

③ 在商品描述中添加热门标签,增加商品曝光率。

(3) 站内引流　分时段上新和手动顶置商品,如图 8-1-8 所示。

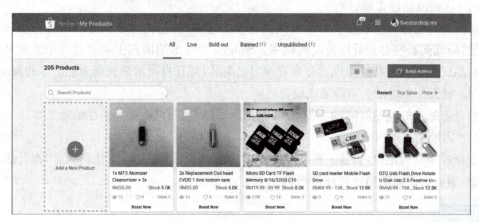

图 8-1-8　顶置推广商品

① 商品曝光技巧:小批量分时段上传商品,新上传商品会在同类商品的搜索排名中处于靠前的位置,有利于店铺持续曝光。

② 顶置推广功能(Boost):在"我的商品"页面中,点击"Boost Now"(立即置顶推广)。4 小时内可选择曝光 5 款商品,系统会将该商品在对应分类页面靠前的位置展示。

(4) 关注粉丝　粉丝是店铺自然流量和订单的重要来源。处于初期运营的店铺,增加店铺粉丝量是一个非常重要的环节。当店铺拥有一定粉丝量之后,定期策划一些店铺主题活动,并且主动和买家互动,宣传店铺主题。还可以设置一些主题活动专用的折扣券展示在店铺首页,吸引买家购买。丰富的店铺活动有利于提高买家回购率,并且能够吸引新客源。

① 主动关注:可在 APP 上搜寻热门卖家,主动关注卖家及其粉丝,回粉概率比较大,也能增加曝光率。目前粉丝上限为 5 000 个。

② 买家互动圈粉:重视每一次和买家沟通的机会,及时回复信息,提高顾客转化和留存。

③ 粉丝优惠:鼓励买家为其产品点赞或者关注店铺,并在下次购买时给予折扣或礼品作为奖励。

④ 关注粉丝的优点。

6. 站外引流技巧

卖家可在 Facebook、Instagram、Line、Youtube、TikTok 等社交网站建立账号,定期发布店铺新品动态或者活动信息,扩大粉丝圈的同时将网站引流到自己的店铺。

7. 常见问题

(1) 怎样优化商品标题和描述?

① 上新前搜索各站点当下的商品热搜词,将热搜词添加至商品标题。搜索量较多的关键字放在最前面。若需要修改关键字,尽量选择在流量较小的时段修改,降低对商品排名的影响。

② 商品标题更改频率不宜太高,修改内容也不宜过多。因为过多的修改会对商品搜索

排名产生影响。

(2) 店铺商品越多越好吗?

虽然店铺商品种类较多会给买家提供更多的选择,但是未能出单的商品会占据店铺展示位置,降低买家搜寻到目标商品的概率。Shopee 平台定期清理上架超过 3 个月但从未出单的商品。卖家在上新时应该选择具有潜力的商品,并且自行清理长期未能出单的商品。

(3) 每天什么时段上新商品比较合适?

选在各站点的流量高峰期上传,在买家活跃时段上新,可以提高商品的曝光率。

(4) 店铺商品如何定价?

根据成本自行定价,设置一些低价引流款。前 3 个月无佣金,可让利顾客,提升店铺销量数据,做好店铺前期销量和评价积累。

任务评价

根据所学知识,回答下列问题。(共计 16 分)

1. 用自己的语言总结什么是无货源店群模式,为什么要选择这个模式?(8 分)
2. 如何提高 Shopee 的运营效率?(8 分)

能力拓展

1. 登录 Shopee 官网 http://shopee.cn/,了解 Shopee 卖家入驻流程和账号申请所需资料,完成 Shopee 店铺注册。
2. 查询 Shopee 开店所需的佣金及手续费,查询结果以 Word 形式提交。

任务 2 Shopee 关键词广告

学习目标

1. 学会根据 Shopee 关键词广告的原理和规则,正确投放 Shopee 关键词广告。
2. 学会关键词广告的使用策略。
3. 学会大促期间的广告投放策略。

学习任务

学习 Shopee 关键词广告的原理和规则,在大促期间分阶段投放关键词广告,并根据点击率、转化率、投入产出比和平均点击费用来衡量广告效果。

任务分析

关键词广告能够提高卖家商品在手机 APP 及平台网页的曝光率。当买家搜寻相应关键词时，购买了该关键词广告的商品将会优先出现在搜寻结果中，帮助卖家接触更多的买家，并带来流量和订单量增长。由于是付费广告，需根据预先达到的广告效果和广告在不同阶段的状态，选择不同的广告策略，分析关键词数据，调整关键词的出价。

任务准备

1. 移动端信息设备，Shopee 马来站应用 APP 软件（虾皮）。
2. B2C、C2C 平台：Shopee 马来站 https://shopee.com.my/。

知识储备

一、什么是关键词广告

关键词广告是 Shopee 平台推出的一项能够提高产品在手机 APP 及 PC 端的搜索排名和曝光率的功能，如图 8-2-1 所示。当买家搜索关键词"watches"时，出现在 APP 端首位及 PC 端首行的均为关键词广告位。关键词广告位的主图右下角会显示"广告"字样。

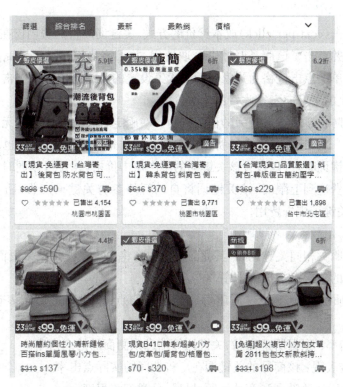

图 8-2-1　Shopee 关键词广告位置展示

二、为什么采用关键词广告

因为广告能直接带来流量，店铺访客数因为广告投放会逐渐增多。有了访客，就有了把访客变成店铺粉丝或订单的可能。广告对于带动全店订单量和提供店铺粉丝的作用不可小觑。如果不知道使用什么主图、上什么商品好，可利用广告来测试主图和商品。投放关键词广告对于商品自然搜索排名也会产生一定的促进作用。

例如,美妆是马来西亚市场热门品类,流量非常大,竞争也十分激烈。如图 8-2-2 所示,几乎在开店之后立即使用关键词广告,在广告优化的 1 个月内店铺订单量、销售额、访客数、店铺浏览数都较 1 个月前有了大幅提升。

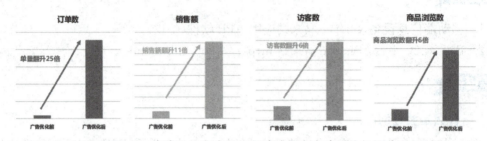

图 8-2-2 某美妆品类店铺使用关键词广告前后的数据对比

三、关键词广告的规则

1. 关键词广告计费规则

采用单次点击(cost per click)成本计价的方式,关键词广告的费用仅在每次买家通过关键词搜索到商品并点击了该商品时才会收取费用,并且该费用不高于该商品设置的关键词单次点击价格。单次点击价格为买家使用了卖家设置的关键词搜索并点击了该关键词广告的商品时,所产生的平台向卖家收费的单次价格。

系统提供了防止恶意点击行为的侦测机制。在固定时间内同一账户无论点击同一广告多少次都只计作一次,只扣一次点击费用。需要注意的是,卖家自己点击也算有效点击。

设置商品关键词时,可以设置该关键词的单次点击价格,并且可以同时设置该关键词的预算上限。当消费达到上限时,该关键词将自动暂停参与关键词广告,防止因忘记关闭广告,而不断花费关键词广告费用。

2. 关键词广告商品排名规则

当多个卖家购买相同关键词时,其商品的广告都将出现在搜索结果页面中,根据关键词质量评分和设定的单次点击价格排序。

(1) 关键词质量评分　关键词质量评分由预测点击率、线上广告表现及相关度综合得出。

① 预测点击率:根据所选商品、关键词等信息预测商品的点击率。

② 线上广告表现:该商品的关键词在广告期间的实际点击率。

③ 相关度:所选关键词和商品标题、描述、分类相关程度。

(2) 单次点击价格　买家通过该关键词搜索并点击了该产品时的一次收费价格。在设置关键词和关键词质量评分相同的情况下,单次点击价格越高关键词广告排名越靠前。

如图 8-2-3 所示,在 A、B、C、D 4 个卖家关键词质量评分和竞拍价格中,综合起来看,B 卖家排到了第一位,因此在搜索结果的广告位中,B 卖家的广告得到最靠前展示的机会。

单元八 Shopee 无货源店群模式

图 8-2-3 关键词广告排名规则示例

任务实施

第 1 步：学习关键词广告的使用策略

一、追求投资回报率

1. 广撒网

所有产品都开广告。如果精力有限，则分批开，先开销量较好或者新品中比较有信心的，至少 20 个商品。

2. 选词

每个产品选择买家最可能搜索的 3～5 个词，例如眼影产品的关键词见表 8-2-1。

表 8-2-1 眼影产品选词

词根	添加关键词	中文
blusher	blusher	腮红
	pemerah pipi	腮红（马来语）
eye shadow	eye shadow	眼影
	eye shadow palette	眼影盘
OTWOO	OTWOO	（品牌词）
	OTWOO	

3. 匹配方式

关键词匹配方式主要有两种，即广泛匹配和精准匹配。设置为广泛匹配，当买家搜索的关键词包含卖家设置的关键词时，广告就有机会展现。设置精准匹配，仅当买家搜索的关键词和卖家设置的关键词完全一致时，广告才有机会展现。如图 8-2-4 所示，在设置关键词"手机壳"时，使用广泛匹配和精准匹配会出现完全不一样的结果。

注意：精准匹配会限制流量，广泛匹配会带来无效流量。

8-13

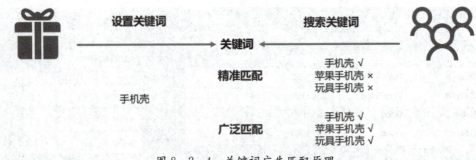

图 8-2-4 关键词广告匹配原理

为追求投资回报率(ROI),选择平台最底出价+广泛匹配。

4. 调整

(1)每天调整　在 ROI 保本的情况下,出单商品按最小阶梯加价;ROI 低于毛利率,查看广泛匹配过去 7 天买家由哪些词进入商品,保留贴切商品的词,开精准匹配,出价与广泛匹配相同。原来的大词改用精准匹配。

(2)每周调整　过去 1 周满 50 个点击但未出单的商品,商品(码数不全、差评等)和关键词能调整就调整,没有调整余地就停广告。过去 1 周没有满 50 个点击的商品,还有关键词可以添加就添加,没有就停广告。

查看"我的广告成效",如图 8-2-5 所示。

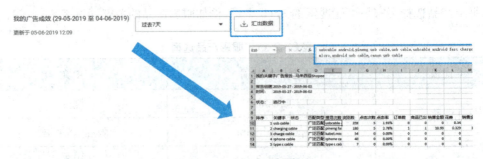

图 8-2-5　我的广告成效

二、追求流量

1. 选品

(1)选择较有竞争力的客单价　前台搜索参考较热卖的商品客单价。

(2)选择具有吸引力的款式　前台搜索参考较热卖的商品。

(3)根据利润率划定"最大让利的那条线"目的　确认能在引流款广告上投入的预算数额,以及引流款广告打算用多少天。建议自 1 个月起。

2. 选词

(1)扩量　参考市场周报,参考前台搜索的热卖产品标题,参考卖家后台推荐,大胆拓展其他词根,围绕拓展后的词根,结合修饰词。例如耳机(earphone)选词,见表 8-2-2。

单元八　Shopee 无货源店群模式

表 8-2-2　耳机

词根（产品词）	修饰词（功能词、品牌词）	组合词
核心：earphone 拓展：earbuds, headphone, airpods, earpods, headset, earfon, etc.	bluetooth, wireless, android, bass, bose, xiaomi, iphone, stereo, huawei, etc.	bluetooth earphone, bluetooth earbuds, wireless earphone, wireless earbuds, etc.

3. 调整

（1）善用前台搜索　从每天点击数变化不断验证广告位效果。参考广告位周围商品的价格和销量，参考每天的点击数变化，如图 8-2-6 所示。

图 8-2-6　广告效果

（2）提价　当点击数递增时，前台可搜索验证自身商品，对比广告位周围的自然搜索商品，一个广告位商品更具竞争力、转化率高、出单快的商品可适当提价。提价幅度以最小单位递增或酌情递增。

（3）降价、暂停　当点击数递减时，对比广告位周围的产品无优势（新品尤其）、在过去 7~14 天中不出单的商品，可考虑降价或暂停广告。

4. 其他优化

（1）优化商品主图　商品主图对广告点击率的影响巨大，应选择清晰、产品突出的素材图作为商品主图。可参考前台自然搜索的热卖商品，准备多款素材图测试，找到最吸引点击的一款。

（2）优化商品标题　将与产品高度相关的重要关键词加入标题中，吸引买家点击。标题中的关键字助力商品在自然搜索中的呈现。

（3）设置广告日预算　根据自身情况，设置每天的最大花费，让广告持续获得展现，最好观察7～14天再评定效率。

5. 评估流量

参考访客浏览数变化，查看ROI保本前提下访客浏览数可以翻升多少。参考导流、留存状况，查看粉丝数是否增长，全店销量是否增加，广告是否带来自然出单，如图8-2-7所示。

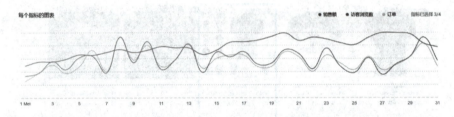

注：某MY站点店铺使用广告的1个月间的数据变化：
- 访客浏览数环比上月翻升104%；同比去年5月翻升42%；
- 单量环比上月翻升85%；在未上秒杀坑位、仅使用Paid Ads的情况下与去年5月参加数次秒杀活动的订单量相当。

图8-2-7　广告效果评估

三、关键词找词渠道

关键词找词渠道见表8-2-3。

表8-2-3　关键词找词渠道

渠道	特　点	获取方式
关键词周报	优点：关键词流量大、普适度高 缺点：关键词较宽泛，易带来较高花费和较低转化率	市场周报邮件
关键词推荐双周报	优点：关键词较契合店内商品，易带来可观转化率 缺点：新品的关键词推荐数量可能较少	客户经理提报
卖家后台单条广告汇总数据	优点：可根据数据选择拓词方向，关键词数量多、有效性强 缺点：需在后台汇总数据并下载查看，需有初始关键词	卖家后台自行汇总数据
前台热卖品标题和商品描述	优点：关键词契合市场流行度，关键词热度和正确性有保证 缺点：需花时间自行在前台进行搜索和查找	自主前台搜索

四、关键词广告指标

关键词广告指标参考表8-2-4。

表8-2-4 关键词广告指标

广告指标	新加坡	马来	台湾	印尼	泰国	菲律宾	越南
CTR 点击率	1.92%	2.60%	1.72%	3.79%	2.13%	2.81%	2.12%
CR 转化率	3.67%	1.89%	1.88%	2.09%	2.09%	2.24%	1.37%
ROI 投入产出比	6.16	4.42	3.04	10.48	3.23	6.96	3.34
CPC 平均点击费用（美元）	0.061	0.035	0.069	0.016	0.068	0.023	0.022

第2步：制定大促期间的广告投放策略

1. 关键词广告投放阶段

（1）不同阶段合理分配预算，依据活动节奏及店铺需求灵活调整。例如，"双11"关键词广告投放节奏及预算分配，如图8-2-8所示。

预热期 (10.16-31) 预算15%
· 加速测新，爆品发掘
· 资源包结合多产品广告投放，加速测品
· 新客引入、老客唤醒

主推期 (11.1-10) 预算20%
· 拓词调价，爆品养分
· 爆品矩阵初步成形，根据前期广告数据调整优化策略

爆发期 (11.11-12) 预算60%
· 实时监控，爆品爆发
· 重要节点持续发力，抢占流量红利
· 配合大促趋势，实时补量
· 此阶段预算可提高2-3倍

战略期 (11.13-17) 预算5%
· 余量收割，库存清仓
· 保持推广优势
· 收藏、加购入群最后收割
· 素材突出时间/库存紧迫感
· 最大限度抓住大促流量红利

图8-2-8 "双11"关键词广告投放节奏及预算分配

（2）根据店铺和产品实际情况，选择合适的爆品矩阵策略。主推期爆品矩阵示例见表8-2-5。

表8-2-5 主推期爆品矩阵

低客单价店铺培养多款小爆品		广告预算分配/%	广告单量占比/%
	大爆款	40	45
	小爆款1	15	15
	小爆款2	15	15

续表

		广告预算分配/%	广告单量占比/%
	小爆款3	15	15
	潜力爆款	10	5
	其他款	5	5
中高客单价店铺引流款非常重要	引流款	15	20
	大爆款	50	40
	小爆款1	10	15
	小爆款2	10	15
	其他款	15	10

（3）大促想推爆品，合理投入广告费用。例如印度尼西亚站点，目标是大促当天爆款单品广告单量翻升8倍，从主推期开始具体的广告费预估（假设该单品平时广告日均单量为15，主推期开始的每日广告单量目标＝15×当日流量变化系数）见表8-2-6～8-2-8所示。

表8-2-6 广告费用预估

日期	流量变化系数	广告单量目标	点击数	广告费用预估(USD)
11/1	1.1	17	550	12
11/2	1.1	17	550	12
11/3	1.1	14	550	12
11/4	1.3	20	650	14
11/5	1.3	20	650	14
11/6	1.5	23	750	16
11/7	1.5	23	750	16
11/8	1.7	26	850	18
11/9	2.0	30	1 000	21
11/10	3.0	45	1 500	32
11/11	8.0	120	4 000	84
11/12	6.0	90	3 000	63
11/13	4.0	60	2 000	42
11/14	1.5	23	750	16
11/15	1.5	23	750	16
总计		549	18 300	384

表8-2-7 广告总亏损

总广告投入(USD)	总亏损(USD)＝总广告投入－广告单量×件单价×毛利率
384	33

表8-2-8 广告核心指标

核心指标	数值	测款重点
转化率	3%	√
CPC(USD)	0.02	
件单价(USD)	4	√
毛利率	16%	√

大促期间,为了达成爆款单量目标,可能产生亏损。但店铺商品累积了大量流量和关注度,后期可分阶梯提价和优化广告关键词等方式,来提升投资回报率。

2. 分阶段详解广告运营技巧

(1) 预热期　加速测新,爆品发掘。大促前1个月预热,发掘5~7个潜力爆品,以便主推期重点培养。

步骤1：通过"广撒网"式测试,进行选品。保证每周测试20个产品的测款频率,测得越多越好。热销品、卖家后台"我的数据"模块中加购数高的优先,如图8-2-9所示。

图8-2-9 "我的数据"模块

例如,某美妆卖家测款节奏：

① 第一周：14个广告产品。

② 第二周：18个广告产品。

③ 第三周：25个广告产品。

④ 第四周：32个广告产品。

高频测款有利于迅速找到潜力爆款,也为店铺有效提升引流。

步骤2：单店预算,如图8-2-10所示。

	每周测试新品数量	每日单店广告花费
第一周 (16 - 22 Oct)	20	30 美金
第二周 (23 - 30 Oct)	20	50 美金

流量低的站点、客单价高的店铺：出单慢,不容易找到潜力爆品,应增加每周测款数量。

图8-2-10 单店预算

① 选词+出价。为了快速测试产品,前3天用大词+市场平均出价测试;第4天开始为表现好的产品换组合词、精准词培养。选品举例见表8-2-9。

表8-2-9 选品举例

产品词	联想词	修饰词(功能词、品牌词)	组合词
beauty blender, sponge, puff	beuty blender, beuaty blender, blender, spon, spons, etc.	foundation, bb cream, bedak, makeup, kecantikan, etc.	产品词+修饰词 联想词+修饰词 beauty blender foudation, spon bedak, etc.

② 调整。产品优化包括标题、主图、铺图、视频、商品描述、价格、优惠券、捆绑销售等;广告优化包括拓词、换词、根据点击率变化提价。经优化后1~2周仍未出单,且卖家后台"我的数据"模块中加购数变化不大的商品,如加购数多,建议降价或暂停广告。

(2)主推期 拓词调价,爆品养分。重点培养选定的潜力爆品,为主力出单词培养质量分,同时为大促做好准备。

① 圈词。

● 明星词:爆发期的主力词。着重培养此类词的质量分,爆发期加大投入,保证获得搜索结果前排展现。

● 宽泛词:切换精准匹配,参考汇出数据中的相关词。

● 天花板词:爆发期的备选词,同样需要培养质量分。因为大促期间随着平台流量上涨,此类词非常有望进阶成为明星词。

为了保证爆发期的订单量,建议每个商品圈定至少5个明星词、10个天花板词。

② 培养质量分。每日观察点击率并小幅调价(3~5倍最小调价阶梯),尽量让点击率呈持续上升趋势。

③ 做好店铺日常运营。潜力爆品优先报名秒杀(CFS)和其他营销活动,充分熟悉平台的大促营销节奏、活动位时间等。优化潜力爆品的商品主图、商品描述、标题等,严格遵守平台规则,避免产品爆发期被下架。为商品加大促边框,或在商品主图上手动添加活动预告、优惠幅度等营销信息,确认商品库存充足。

④ 培养质量分。每日观察点击率并小幅调价(3~5倍最小调价阶梯),尽量让点击率呈持续上升趋势。

主推期须保证5~7个爆品就位,圈词完毕,质量分培养完毕,库存充足,准备好大促日爆发。

(3)爆发期 实时监控,及时调价,保证爆品爆发。确保爆品获得明星词的前排展现,狙击流量,爆发式出单;实时监控广告花费和转化,及时调整。为关键词提价,使广告获得前排展现,前台搜索实时监控广告位。

① 爆品分层

大爆品一二个:大胆为明星词提价,抢占首屏广告位;为天花板词中幅提价,密切观察转化并适时调整。培养质量分的结果体现在，小范围的提价就能使得广告排位大幅提升，前排拦截流量。

中、小爆品 3~5 个：根据实际预算调整关键词出价。若预算充足，则跟大爆品同样抢占明星词首屏展现；若预算不充足，则保证搜索结果前 3 屏展现。

其他产品：酌情调整和监控，观察是否有成长为爆品的可能。

② 调价频率

每小时监控前台搜索展现，调整关键词出价。在各站点下单高峰时段前 1 h 完成提价调整。实时观察转化率，及时调整。

早晨、中午、晚上分别回顾全店和单个商品的实时转化率。转化率高低决定大促当天投入产出比的高低。转化率低于平时，说明流量上涨带来的大量点击未能转化成订单，需要将主推商品以及加购数远高于下单数的商品降价。

配合 CFS 活动。参与 CFS 并开通了广告的商品，在 CFS 结束前半小时为广告关键词提价，等 CFS 库存期一结束就收割加购、剩余流量。

(4) 战略期　余量收割，库存清仓。最大限度利用大促的质量分来收割大促后的流量，利用广告为商品清理库存。

① 关键词阶梯降价。根据大促日相比平时的提价幅度，观察平均排名，按不同阶梯给关键词降价。降价幅度不宜过猛，如从 1 000 印尼盾一次性降至底价 180 印尼盾，以免点击率骤降，影响广告质量分。大促第二天检查 3~5 次账户，将转化率低的词小幅度多次调整降价。

② 需要清库存的商品可保持关键词出价不变。

③ 培养期商品通过大促得到销量和质量分提升，可以作为下一轮爆品加以培养。

④ 广告不断线，才能保证大促中累积的优秀质量分在大促后继续带来前排展现和出单，因此大促后需要及时为账户充值。

大促结束后广告花费通常是大促当天的 0.7~0.9 倍，投入产出比会随转化率降低，应保证账户足够余额，做好心理预期。广告花费和 ROI 指标在大促 1 周后会回归稳定。

任务评价

1. 如果以追求流量为目的，关键词广告该如何使用？(8 分)
2. 大促期间的广告投放节奏是怎样的，各个阶段的广告预算该如何分配？(8 分)

能力拓展

以追求 ROI 为目的，在店铺内任选 3 款商品投放关键词广告，操作步骤及结果以 Word 文档形式提交。

附录　课程标准

一、课程名称

跨境电商运营实战技能。

二、适用专业及面向岗位

适用于高职电商类、经贸类相关专业，也适用于中职电子商务专业及晋升岗位培训，面向电子商务专员、电商主管、店长等岗位。

三、课程性质

本课程为专业技术技能课程，是一门培养跨境电商店铺运营技术操作能力为主的实践课程。课程以跨境电商运营为基础，与美工、客服、物流主管技术岗位的典型工作任务对接，涵盖跨境电商运营主要就业岗位的典型工作任务与核心内容。本课程具有综合性、实践性强的特点，也是电子商务的专业核心课程及特色课程。重点培养学生具备运用跨境电商基础理论、营销推广、客户管理、物流管理基础知识进行店铺运营推广、售后服务项目操作的实践工作能力。

四、课程设计

（一）设计思路

校企共同开发，依据岗位真实工作任务对职业能力的要求，确定课程目标，基于岗位工作过程典型工作任务的技术操作规范设计学习任务，突出学生操作能力培养。本课程以店铺装修、产品上传等真实工作任务为载体，提供优秀案例学习。课程内容及考核标准与国家电子商务师职业资格标准的要求衔接，教学过程与日常店铺运营操作的工作过程对接，以工学交替、任务训练为主要学习形式，让学生在教师的指导及与同学的相互配合下，熟练操作速卖通平台和 Shopee 平台，灵活使用店铺运营技巧。

（二）内容组织

将完成岗位典型工作任务所需知识及能力与电子商务师职业资格标准的要求相融合，结合岗位职业资格考核重点，组织教学内容。以项目化教学为主要教学形式，教学内容由跨境电商规则、店铺装修、选品、推广、物流等 8 个单元的学习任务及若干个典型工作任务所组成。

五、课程教学目标

（一）认知目标

1. 了解跨境电商的定义、特点和发展意义，对跨境电商行业有初步认识。

2. 熟悉典型跨境电商平台的特点。
3. 熟悉速卖通平台的规则。
4. 了解视觉规划的方法与作用。
5. 熟悉速卖通搜索排名原则。
6. 了解跨境电商物流体系。
7. 熟悉东南亚电商市场。
8. 了解 Shopee 无货源店群模式。

(二) 能力目标

1. 能够区分全球多个主流跨境电商平台的风格及定位。
2. 能够根据各个跨境电商平台的特点选择合适的平台。
3. 学会在速卖通后台正确设置店铺基本信息。
4. 学会正确使用代码方式插入"关联营销"板块。
5. 学会优化主图和产品详情页。
6. 能够利用平台的数据选出适合目标市场的产品。
7. 能够使用常用的数据分析平台谷歌趋势(Google Trends)、谷歌关键词广告(Google Adwords)、谷歌全球商机洞察(Google Global Market Finder)进行数据选品。
8. 能够独立完成速卖通平台的基本操作,包括店铺装修、产品上传、订单发货和售后维护。
9. 学会根据跨境电商询盘模板,快速处理客户的常见问题。
10. 能够处理速卖通的中差评和交易纠纷。
11. 能够根据 Shopee 关键词广告的原理和规则,正确使用 Shopee 关键词广告投放。

六、参考学时与学分

32 个课时,3 学分。

七、课程结构

序号	学习任务(单元、模块)	对接典型工作任务	知识、技能要求	教学活动设计	学时
1	认识跨境电商	认识跨境电商	1. 了解跨境电商的定义、特点和发展意义,初步认识跨境电商 2. 了解主流跨境电商平台的模式与运营特点 3. 了解跨境电商分工,清楚跨境电商的各个环节	1. 课堂讲授:跨境电商的概念、意义以及跨境电商的商业活动 2. 任务考核:跨境电商与传统外贸的区别,跨境电商如何分工	3
		选择合适的跨境电商平台	1. 了解跨境电商平台的分类 2. 熟悉全球多个主流跨境电商平台的运营规则及定位 3. 掌握主流跨境电商平台的特点,会选择合适的平台		

续 表

序号	学习任务(单元、模块)	对接典型工作任务	知识、技能要求	教学活动设计	学时
2	店铺装修与设计	店铺装修后台操作	1. 学会根据视觉规划方法装修店铺 2. 学会在速卖通后台正确设置店铺基本信息 3. 学会正确使用代码的方式插入"关联营销"板块	1. 案例教学：分析优秀店铺装修案例和优秀产品主图和详情页，讨论店铺装修和产品优化要点。 2. 任务考核：完成店铺装修和产品优化	3
		优化主图与产品详情页	1. 学会主图优化技巧 2. 学会提高产品详情页转化率的方法		
3	跨境电商选品	站内选品	1. 学会通过选品原则判断目标产品是否适合店铺 2. 学会利用平台数据选出适合目标市场的产品		4
		站外选品	1. 学会使用谷歌全球商机洞察（Google Global Market Finder）分析数据 2. 学会使用谷歌趋势（Google trends）选品 3. 学会使用谷歌关键词广告（Google Adwords）选品		
4	深度优化产品属性	产品上传后台操作	1. 根据速卖通平台发布规则，完成单个产品的上传操作 2. 利用ERP系统快速完成产品的批量上传		4
		产品定价	1. 学会根据产品成本的定价公式对产品定价 2. 学会使用产品的利润率和毛利率定价		
		深度优化产品属性	1. 熟练对产品属性进行优化 2. 能够通过产品属性，提高客户流量 3. 能根据产品属性的优化技巧，规避常见问题		
5	营销推广	单品折扣活动设置	1. 掌握速卖通平台的店铺营销推广活动的相关规则 2. 学会单品折扣活动设置的操作技巧 3. 能够利用店铺营销推广技巧，掌握单品折扣活动的推广方法		5

续 表

序号	学习任务(单元、模块)	对接典型工作任务	知识、技能要求	教学活动设计	学时
		满减优惠活动设置	1. 掌握速卖通平台的店铺营销推广活动的相关规则 2. 学会满减优惠活动设置的操作技巧 3. 培养店铺营销推广技巧,并能掌握满减优惠活动的推广方法		
		店铺优惠券设置	1. 了解速卖通平台的店铺营销推广活动的相关规则 2. 掌握店铺优惠券设置的操作技巧 3. 培养店铺营销推广技巧,并能掌握店铺优惠券活动的推广方法		
		直通车运营推广	1. 了解速卖通平台的店铺营销推广活动的相关规则 2. 学会直通车快捷推广计划与重点推广计划的操作技巧,能够建立自己的直通车推广计划 3. 利用店铺营销推广技能,分析数据和优化产品		
6	跨境电商物流	设置运费模板	1. 根据速卖通平台规则,完成对物流运费模板的设置操作 2. 利用ERP系统快速完成对产品物流的批量设置		4
		设置线上发货物流	1. 根据速卖通平台规则,完成对线上发货物流的设置 2. 利用ERP系统快速完成对多个产品线上发货物流的批量设置		
7	跨境电商客户管理	处理跨境电商平台	能根据跨境电商询盘模板,快速处理客户常见问题		4
		处理中差评纠纷	1. 能够根据速卖通的评价规则和产生中差评的原因,避免中差评 2. 学会处理交易纠纷 3. 学会分析买家无法完成付款的原因		
8	Shopee无货源店群模式	分析东南亚电商市场及运营无货源店群模式	1. 根据东南亚市场的特点,学会分析东南亚电商市场 2. 熟悉Shopee平台的基本特点 3. 学习无货源模式的原理、优势及提高运营效率的方法		5

续表

序号	学习任务(单元、模块)	对接典型工作任务	知识、技能要求	教学活动设计	学时
		Shopee关键词广告	1. 根据Shopee关键词广告的原理和规则，学会正确投放Shopee关键词广告 2. 学会关键词广告的使用策略 3. 学会大促销期间的广告投放策略		

八、资源开发与利用

（一）教材编写与使用

（1）教材编写既要符合行业标准要求，又要兼顾国家电子商务师职业资格考证的要求，理论知识以职业资格标准及实际应用为重点，操作内容应以符合行业企跨境电商运营项目标准化及规范操作要求为原则。

（2）教材内容应体现先进性、通用性、实用性，将本专业的技术创新纳入教材，使教材更贴近专业的发展和实际需要。

（3）教材体例突破传统教材的学科体系框架，以任务训练、案例导入、思维导图、视频等丰富的形式表现，理论知识以二维码形式呈现，方便学生课外学习。

（二）数字化资源开发与利用

校企共同开发和利用网络教学平台及网络课程资源。利用现代学徒制在线学习平台，开发课堂教学课件、操作培训视频、考核标准、任务训练、微课等资源。由学校和企业发布可在线学习课程资料，学生采取线上与线下学习相结合的方式，更灵活地完成课程的学习任务。导师也可以发布非课程任务的辅导材料（形式包括但不限于视频、PDF、Word文档等），用于学生碎片化阅读，拓展相关知识点。学生和导师利用现代学徒制在线交流互动平台，进行在线交流。

（三）企业岗位培养资源的开发与利用

根据跨境电商行业发展要求，将店铺运营技巧整理为课堂教学、案例教学的资源，作为岗位培养的教学资源、教学条件，利用移动互联、云计算、物联网等技术手段建立信息化平台，实现线上线下教育相结合，改善教学条件，与教学内容及行业发展的要求相适应。

九、教学建议

校企合作完成课程教学任务，采用集中授课、任务训练、岗位培养等教学形式。学校导师集中讲授项目理论知识，让学生知道操作原理。企业导师以任务训练、在岗培养等形式进行项目操作技术技能训练及岗位实践，让学生学会操作并符合上岗要求。教学过程突出"做中学、学中做"，校内以课堂教学与课外训练相结合，主要提高学生的实操能力。岗位实践以工学交替形式，培养专业技术综合能力。

十、课程实施条件

具备专业水平及职业培训能力的双导师、校企实训资源是本课程实施的基本条件。学校提供专业理论及基本技能教学的师资及实训条件，企业提供现场教学、岗位能力培养的师资及实训条件。承担课程教学任务的教师应熟悉岗位工作流程，了解跨境电商行业商业活动，能独立完成所有项目流程及操作技能示范。校内专业实训室的建设应有仿真教训、任务训练、职业技能证书考证的相关设备，实现教学与实训合一、教学与培训合一、教学与考证合一，满足学生综合职业能力培养的要求。企业有本课程全部项目训练的设施设备、场地及足够的学徒岗位，能满足学徒岗位培养条件。

十一、教学评价

采用过程性评价与结果考核评价相结合等多元评价方式，将课堂提问、任务训练、课外实践、项目考核、任务考核的成绩计入过程考核评价成绩。其中，项目操作考核包括单项技能考核和综合技能考核。操作技能考核除了考核操作流程外，还应考核与各部门的沟通协调能力、统筹运营能力。结果考核以店铺评分、订单量考核为重点。

教学评价应注重学生专业技术操作能力、技术培训指导能力、解决问题能力的考核，强调操作规范的同时应引导灵活运用运营技巧，对在技巧应用上有创新的学生应给予特别鼓励，全面综合评价学生能力。

跨境电商运营实战技能课程结构鱼骨图

跨境电商运营实战技能

认识跨境电商行业
1. 了解主流跨境电商平台模式
2. 了解跨境电商的各个环节
3. 掌握主图优化技巧
4. 掌握提高产品详情页转化率的方法

店铺装修与设计
1. 根据视觉规划方法，学会装修店铺
2. 能够在速卖通后台正确设置店铺基本信息
3. 学会正确使用代购大师入"关联营销"板块

跨境电商选品
1. 能够通过选品原则判断目标产品是否适合店铺
2. 根据平台目标市场洞察分析数据，筛选出适合目标市场的产品
3. 使用谷歌全球商机洞察分析数据
4. 使用Google Trends选品

产品发布与优化
1. 使用Google Adwords选品
2. 能够在速卖通平台完成单品上传
3. 能够利用ERP系统完成产品的快速批量上传

1. 学会根据产品成本的定价公式定价
2. 学会使用产品的利润率和毛利率
3. 利用店铺营销推广技巧，掌握单品折扣活动的推广方法

营销推广
1. 通过优化产品属性，有效提高客户流量
2. 根据产品属性的优化技巧，规避常见问题

1. 能够利用单品折扣活动、满立减、优惠券营销工具等自主营销
2. 掌握满减优惠活动设置的操作技巧
3. 培养店铺营销推广技巧，掌握满减优惠活动推广方法

1. 了解速卖通平台的店铺营销推广活动的相关规则
2. 掌握店铺优惠券设置的操作技巧
3. 培养店铺营销推广技巧，并能掌握店铺优惠券活动的推广方法

跨境电商物流
1. 掌握速卖通直通车营销推广活动的相关规则
2. 掌握直通车计划推广计划与重点推广计划，能够建立自己的直通车推广计划
3. 根据店铺推广技巧，利用直通车分析和优化数据

1. 根据速卖通平台规则，完成对物流模板的设置操作
2. 利用ERP系统快速完成对产品物流的批量设置

跨境电商客户管理
1. 能够根据评价规则和产品中差评产生的原因，避免中差评
2. 能够根据盘点模板，快速询问商家处理客户常见问题

1. 掌握交易纠纷无法完成付款的处理方法
2. 能够分析买家无法完成付款的原因
3. 学会根据Shopee关键词广告的原理和规则，正确使用Shopee关键词广告投放

Shopee无货源店群模式
1. 根据东南亚市场的特点，学会分析东南亚电商市场
2. 熟悉Shopee平台的基本特点
3. 学习无货源模式的原理、优势及提高运营效率的方法

跨境电商运营实战技能课程结构鱼骨图

图书在版编目(CIP)数据

跨境电商运营实战技能/王紫仪,陈瑜,张黎主编. —上海:复旦大学出版社,2020.8
电子商务专业校企双元育人教材系列
ISBN 978-7-309-15189-3

Ⅰ.①跨… Ⅱ.①王… ②陈… ③张… Ⅲ.①电子商务-运营管理-教材 Ⅳ.①F713.365.1

中国版本图书馆 CIP 数据核字(2020)第 130423 号

跨境电商运营实战技能
王紫仪 陈 瑜 张 黎 主编
责任编辑/张志军

复旦大学出版社有限公司出版发行
上海市国权路 579 号 邮编:200433
网址: fupnet@fudanpress.com http://www.fudanpress.com
门市零售: 86-21-65102580   团体订购: 86-21-65104505
外埠邮购: 86-21-65642846   出版部电话: 86-21-65642845
上海四维数字图文有限公司

开本 787×1092 1/16 印张 11.25 字数 259 千
2020 年 8 月第 1 版第 1 次印刷

ISBN 978-7-309-15189-3/F·2718
定价: 42.00 元

如有印装质量问题,请向复旦大学出版社有限公司出版部调换。
版权所有 侵权必究

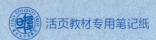

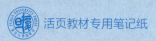

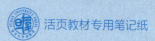

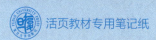

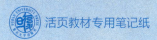

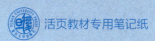